감정 이해부터 관계 맺기까지, 초등 사회정서 훈련

어린이 마음 수업

기획 김소연 | 글 김소연·김우람 | 그림 그리움리우

메가스터디BOOKS

이 책은 너의 마음을 알아 가는 여행이 될 거야.
마음속 생각과 감정을 하나씩 마주하다 보면,
몰랐던 나를 만날 수 있을지도 몰라.

지금부터 마음을 알아 갈

네 이름을 적어 봐.

_____

머리말

내 마음과 친해지는 시간을 가져 보세요

혹시 마음이 울적하거나 불안할 때가 많은가요? 아니면 쉽게 화를 내거나 반대로 속상한 마음을 말로 표현하지 못한 적은요? 누구나 한 번쯤 이런 감정을 느끼기도 하고, 어떨 땐 내가 느끼는 감정이 무엇인지조차 혼란스러울 때도 있어요.

이런 상황에서 어른들은 우리가 늘 밝고 행복하기를 바라는 마음에 "괜찮아, 별일 아니야.", "그만 울어." 같은 말을 건네곤 합니다. 하지만 마음의 문제는 단순한 위로만으로는 해결되기 어려울 뿐더러, 행복만이 항상 정답인 감정도 아니에요.

마음속 모든 감정에는 저마다 이유가 있습니다. 슬픔, 불안, 외로움 같은 감정도 우리에게 중요한 메시지를 전하는 신호예요. 그래서 감정을 무조건 참거나 없애려 하기보다는, 왜 그런 감정이 생겼는지 알고, 그 감정을 잘 다루는 방법을 아는 게 중요해요.

감정을 제때 잘 해결하지 못하면 무의식적으로 감정 찌꺼기를 방치하게 되어 어른이 되어서도 심리적 어려움을 겪게 되기 쉽습니다. 그런 면에서 감정을 다루는 능력을 쌓는 것은 단순한 기분 파악을 넘어 스스로를 이해하고 나답게 성장할 수 있게 합니다. 내가 행복해지고, 친구와 건강한 관계를 맺고 책임감 있는 자세로 도전을 지속해 나갈 수 있게 해 주는 것이지요.

  이 책은 우리 친구들이 자신의 마음과 친해지고, 스스로 생각하는 행복과 한 걸음 더 가까워지는 것을 돕기 위해 시작되었습니다.
  1부에서는 감정이란 무엇이며, 감정을 이해하는 것이 왜 중요한지를 여러분의 눈높이에 맞춰 설명합니다. 2부에서는 스스로를 깎아내리거나 못났다고 생각하는 것, 외롭다고 생각하는 것처럼 피하고 싶은 감정들과 우리가 감정을 숨기려고 무심코 사용하는 '마음의 방어막'을 살펴보며, 감정을 똑바로 마주하고 조절하는 법을 배우도록 구성했고요. 마지막 3부에서는 나의 마음을 성장시키고 단단하게 만드는 방법을 소개합니다. 건강한 태도를 기르고, 감정을 조절하는 힘을 키우며 다른 사람과 잘 지낼 수 있는 방법을 마련하는 과정이지요.
  이러한 내용들은 여러분이 공감할 수 있는 이야기와 직접 해 볼 수 있는 활동을 통해 쉽게 이해할 수 있도록 설계되어 있습니다.
  ==마음을 아는 것은 곧 나를 이해하는 첫걸음입니다. 자신을 잘 알고 돌볼 줄 알아야 다른 사람의 마음도 더 깊이 들여다볼 수 있고요.==
이 책이 여러분과 부모님 모두에게 '자신의 마음'과 조금 더 친해지는 계기가 되기를 바랍니다.

해피메스 김소연

마음 수업, 이렇게 이어져요!

이 책은 20가지 주제를 중심으로, 자신과 다른 사람의 마음을 깊이 이해하고, 마음을 건강하게 키워 가는 과정을 안내합니다.

이야기로 공감대를 형성해요

동화를 읽으며 공감과 흥미를 느껴요. 일상생활에서 실제로 겪을 만한 상황과 그 속에서 주인공들이 느끼는 마음을 살펴보며 자연스럽게 자신의 마음속 감정과 연결 지어요.

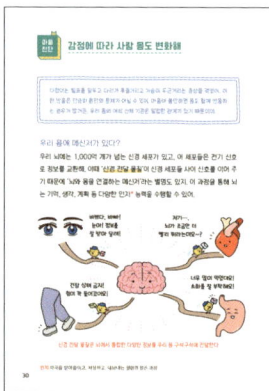

마음속 감정에 대해 이해해요

'마음 이야기'에서 주목해야 할 감정이나 심리적 개념을 쉽고 재미있게 알아 가요. 감정이란 무엇인지, 어떤 영향을 주는지, 우리가 많이 사용하는 방어 기제 등 심리적 원리와 정보를 통해 자신의 감정과 행동을 논리적으로 이해하고 정리해요.

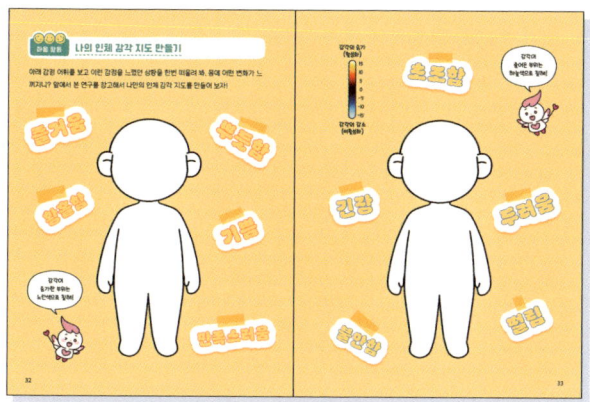

마음 활동

활동을 직접 해 보며 연습해요

앞에서 이해한 내용을 바탕으로 감정을 조절할 수 있는 활동을 해요. 스스로 생각을 정리해 보거나, 감정을 글이나 그림으로 표현하며 마음을 긍정적으로 변화시켜요.

마음 활동 리스트

1. 감정을 나타내는 말 찾기
2. 여러 방법으로 감정 표현 연습하기
3. 나의 인체 감각 지도 만들기
4. 표정과 몸짓 보고 감정 파악하기
5. 전의식 알아차리는 연습하기
6. 나를 위한 응원단 만들기
7. 꿈을 이루는 3단계 작전 세우기
8. 불안한 마음 고쳐 쓰기
9. 외로움 100배 즐기는 방법 찾기
10. 갈등 해결 카드 만들기
11. 혼자서도 잘하기 챌린지
12. 나만의 장점 색칠하기
13. 거울 속 나에게 말하기
14. 강화 구슬로 '바라는 나' 만들기
15. 외적 인정 VS 내적 인정
16. 관계 용기 실행하기
17. 회복 근육이 자란 경험 쓰기
18. 메타 인지 전략 연구소
19. 경청을 위한 마법 풍선 불기
20. 다양성 정원 꾸미기

차례

1부에서는 마음에 대한 기본 이해를 돕고,
2부에서는 내 마음을 힘들게 하는 부정적인 감정이나 심리 상태를 탐색하며,
3부에서는 마음을 성장시키는 건강한 태도와 관계 형성 방법을 알아 가요.
꼭 순서대로 읽지 않아도 괜찮아요. 지금 내 상황과 제일 비슷한 주제를 골라
내 마음을 들여다보고 천천히 다독여 주세요.

1부 마음에 대해 알 수 있을까

1. 마음속에 불필요한 감정은 없어 **다양한 감정** ·········· 16
2. 내 감정을 숨기지 않고 드러내도 될까? **표현과 소통** ·········· 22
3. 마음과 몸은 연결되어 있어 **마음과 신체 반응** ·········· 28
4. 말하지 않아도 마음이 전해져 **비언어적 표현** ·········· 34
5. 내가 잘 모르는 내 마음이 있다고? **의식과 무의식** ·········· 40

2부 왜 내 마음은 힘들까

6. 나는 왜 스스로를 낮출까? **자기 비하** ·········· 48
7. 아무것도 하고 싶지 않아 **무기력** ·········· 54
8. 자꾸만 걱정이 앞서 **불안감** ·········· 60
9. 내 곁엔 아무도 없는 것 같아 **외로움** ·········· 66

10. 어떻게 나한테 그럴 수 있어? **배신감** ·· 72
11. 혼자 결정하기는 싫어 **의존 욕구** ·· 78
12. 내가 제일 못생긴 것 같아 **열등감·질투심** ························ 84
13. 나와 닮은 네가 싫어 **투사** ·· 90

3부 마음을 어떻게 단단히 할까

14. 이런 내가 좋아 **건강한 자기애** ·· 98
15. 스스로 뿌듯하면 나는 더 단단해져 **자존감** ····················· 104
16. 두렵지만 해내고 싶어 **용기** ·· 110
17. 실패해도 다시 일어날 수 있어 **회복 탄력성** ··················· 116
18. 나를 객관적으로 알고 싶어 **메타 인지** ······························ 122
19. 너의 마음이 나의 마음처럼 느껴져 **공감** ························· 128
20. 다르다고 틀린 건 아니야 **다양성 존중** ······························ 134

등장인물

예민

사소한 일도 오랫동안 곱씹는 감정 탐험가

성격: 작은 변화에도 민감하고 섬세함. 감정 기복이 좀 있음.
좋아하는 것: 아무 생각 안 하기, 수영하기.
싫어하는 것: 엄마 아빠의 다툼.

다정

자타 공인 쉬는 시간의 지배자

성격: 정이 많고 외향적, 가끔씩 충동적임.
좋아하는 것: 단체 활동, 수다 떨기.
싫어하는 것: 말 안 하고 있기.

한결

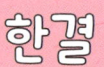

말을 아끼고 친구를 잘 따르는 맞춤러

성격: 조용하고 소심함, 공감 능력 높음.
좋아하는 것: 그림 그리기, 전시회 가기.
싫어하는 것: 다른 사람과의 갈등.

진솔

로봇 같은 리액션의 뚝딱이

성격: 논리적이고 분석적, 무뚝뚝함.
좋아하는 것: 게임하기, 캐릭터 분석하기.
싫어하는 것: 귀찮아 보이는 모든 것.

고운

외유내강의 포커페이스 평화주의자

성격: 차분하고 친절함, 화를 잘 안 냄.
좋아하는 것: 혼자 있는 시간 즐기기, 피아노 치기.
싫어하는 것: 비밀을 안 지키는 사람.

나는 **감정**이야! 너의 마음속에 언제나 있지!

나는 어떤 친구와 비슷할까? 그날그날의 마음에 따라 닮은 친구가 달라질 수 있어! '오늘의 나'와 가장 흡사한 친구를 골라 봐!

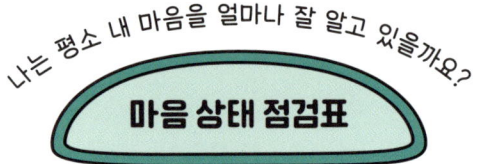

나는 평소 내 마음을 얼마나 잘 알고 있을까요?

마음 상태 점검표

1. 내 마음은 어떤 신호등일까?

☐ 마음속이 복잡하고 너무 불편해요. ☐ 조금 예민하고 신경 쓰이는 일이 있어요. ☐ 비교적 마음이 편안해요.

2. 내 마음에 가장 자주 찾아오는 감정은 무엇일까?

☐ 기쁨 🙂   ☐ 불안 🙁   ☐ 짜증 😣   ☐ 외로움 😔

☐ 신남 😃   ☐ 지루함 😐   ☐ 슬픔 😢   ☐ 잘 모르겠음 😵

3. 내 마음을 한 문장으로 표현한다면?

```

```

4. 자주 느끼는 불편한 마음에 체크해 볼까?

- [ ] 감정 변화가 심한 것 같아요.
- [ ] 속상한 마음을 혼자 참고 넘긴 적이 많아요.
- [ ] 걱정이 많을 때 머리가 지끈거려요.
- [ ] 속상한데 말로는 잘 못 하고 얼굴에 다 드러나는 것 같아요.
- [ ] 아무 이유 없이 왈칵 눈물이 날 때가 있어요.
- [ ] 힘든 일이 생기면 스스로 자책을 많이 해요.
- [ ] 자주 피곤하고 우울해져요.
- [ ] 내가 착하게 하지 않으면 부모님이나 친구들이 날 떠날 수 있다고 생각해요.
- [ ] 친구들 사이에서 혼자라는 느낌이 들어요.
- [ ] 믿을 사람이 없다고 느낄 때가 많아요.
- [ ] 다른 사람이 나를 어떻게 볼까 너무 신경이 쓰여요.
- [ ] 다른 사람이 나보다 더 잘하는 걸 보면 기분이 이상해져요.
- [ ] 나도 모르게 친구나 부모님 탓을 하거나 짜증을 낼 때가 있어요.
- [ ] 나는 친구들보다 별로 잘난 것이 없다고 생각해요.
- [ ] 누군가가 칭찬해 주지 않으면 기분이 우울해요.
- [ ] 불편한 친구가 있는데 어떻게 말해야 할지 모르겠어요.
- [ ] 무언가를 잘하지 못하면 오랫동안 우울해요.
- [ ] 내가 원하는 게 뭔지 모르겠어요.
- [ ] 친구가 힘들어해도 내 일이 아니니까 그냥 모른 척할 때가 있어요.
- [ ] 나랑 다르게 행동하는 친구를 보면 친하게 지내기 싫어요.

내 마음을 살펴봤다면, 이제 본격적으로 마음 수업을 시작해 볼까요?

마음이란 무엇이고,
어떻게 작용하는지 이해하기 쉽게 알려 줘요.
우리가 느끼는 감정이 왜 생기는지,
또 그 감정들이 어떤 역할을 하는지 알면
내 마음을 더 잘 이해할 수 있게 돼요.
잘 몰랐던 내 속마음에도 귀를 기울일 수 있답니다.

다양한 감정

1
마음속에 불필요한 감정은 없어

마음이야기 오락가락 예민이 마음

    정말 짜증 나 죽겠네! 방금까지만 해도 기분이 참 좋았는데 친구의 별스타그램을 보고 뭔가 급 짜증이 나! 아무튼, 그래서 이렇게 놀이터에 나와서 좀 식히고 있어.
  "아~. 근데 저 사람들은 왜 저렇게 마냥 행복해 보이는 거야?"
  "왜 이렇게 혼잣말을 하고 있어, 예민아?"
  "어? 고운 언니! 아니, 언니. 내가 아침까지는 기분이 좋았거든. 그런데 갑자기 확 나빠졌어. 웃는 사람들 보니까 짜증 나기도 하고. 이렇게 기분이 확 바뀌는 게 정상인 걸까?"

"충분히 그럴 수 있어. 나도 엄청 기분이 오락가락할 때가 많아."

"뭐야? 언니도? 언니는 항상 평화로워 보였는데."

하긴. 엄마, 아빠만 해도 갑자기 화내실 때가 있고, 지난번엔 평소 친절하시던 우리 동네 슈퍼 아저씨가 길에서 다른 사람이랑 다투는 걸 본 일도 슬며시 떠오르긴 해.

도대체 화, 슬픔, 불안, 우울 같은 감정들은 왜 필요한 걸까? 기쁨이나 즐거움 같은 '좋은 감정'만 있으면 모두가 항상 행복하고 세상이 아름답지 않을까?

아~. 시시때때로 변하는 내 마음을 잘 이해할 수 있도록 설명서 같은 게 있다면 정말 좋겠다!

마음이 오락가락하는 건 당연해

마음진단

> 우리는 예민이처럼 어떤 날은 저절로 웃음이 나다가도, 또 어떤 날은 별다른 이유 없이 울적하고 속상해지곤 해. 내 마음이지만 종잡을 수 없지. 하지만 이렇게 하루에도 수백 가지 감정을 느끼며 마음이 오락가락하는 건 누구에게나 일어나는 자연스러운 현상이야.

마음속에서 이런 게 일렁인다!

마음은 우리의 상태와 주변 환경에 따라 다양한 신호를 보내. 우리는 그걸 '감정' 혹은 '기분'이라고 말하지. 대체로 구별 없이 사용하지만 그 차이를 이해하면 도움이 돼. 먼저 감정을 보자!

감정은 외부 자극에 의해 자연스럽게 생겨나는 반응으로, 기쁨, 슬픔, 화남, 두려움 등을 떠올릴 수 있어. 칭찬을 들으면 뿌듯하고, 좋아하는 친구를 만나면 반갑고, 누군가 새치기를 하면 화가 나는 것처럼 말이야.

이런 감정은 짧게는 몇 초, 길게는 몇 분 동안 이어지지만, 장기적인 마음 상태인 기분에 영향을 주기도 해. 감정을 잘 다스리지 못하면 부정적인 생각과 느낌이 계속 이어져 기분이 되고, 그 기분이 하루를 지배해 결국 마음이 힘들어질 수 있어. 따라서 감정과 기분을 잘 관리하는 것이 마음 건강에 아주 중요해.

안 좋은 감정이 지속되면 장기적으로 영향을 미친다

세상에 불필요한 감정은 없어

마음속에서 기쁨이나 즐거움 같은 '긍정적인 감정'만 생겨난다면 정말 행복할까? 꼭 그런 것은 아니야. 모든 감정에는 나름의 이유가 있고, 우리가 살아가는 데 꼭 필요한 의미를 지니고 있거든. 예를 들어, 공포나 두려움 같은 감정은 위협을 느껴 위험한 상황에서 벗어나게 하고, 분노는 내가 부당한 일을 당했을 때 맞서 싸울 수 있게 해. 또 슬픔을 느끼는 건 누군가를 돕거나 위로하기 위해 꼭 필요한 감정이지.

이처럼 마음속에 불필요한 감정은 없어!

이런 감정은 친구들뿐 아니라 부모님이나 선생님, 심지어 슈퍼 히어로도 느끼는 자연스러운 거야. 어른들은 우리보다 감정 다스리는 법을 많이 익히고 훈련해 봐서 조금 더 편안해 보일 뿐이지.

그러니 마음속에서 생겨난 감정을 무시하거나 빨리 해결하려 하기보다는 받아들이고, 나에게 어떤 영향을 주는지 관찰하는 게 중요해. 순간적인 감정에 휩쓸리지 않도록 내가 할 수 있는 일들을 떠올려 보자! 지금부터 그 방법을 하나씩 알아보자고!

위험할 때 깜짝 놀란다

부당함에 화가 난다

친구에게 힘든 일이 생겼을 때 함께 슬퍼한다

감정을 나타내는 말 찾기

> 비어 있는 곳에는 감정을 나타내는 우리말과 상황을 더 찾아 써 봐!

우리말에는 기쁘다, 미안하다, 슬프다, 즐겁다 등 감정을 나타내는 다양한 표현이 있어. 어떤 상황에서 이런 감정들이 필요한지 한번 생각해 볼까?

기쁘다
- 숙제 잘해서 칭찬받았을 때
- 포켓몬 카드를 샀을 때

미안하다
- 나 때문에 동생이 울 때

슬프다

안타깝다

두렵다

표현과 소통

2
내 감정을 숨기지 않고 드러내도 될까?

 마음 이야기   **반 토막 난 한결이 크레파스**

"한결아, 나 하늘색 크레파스 좀 빌려 간다?"

미술 시간에 그림을 그리고 있는데 짝꿍 민수가 이렇게 말하더니 다짜고짜 내 하늘색 크레파스를 덥석 집어 갔어.

"금방 쓰고 돌려줄게~. 우리 친구 아이가!"

민수 녀석은 꼭 이런 식이라니까…….

"어? 어……. 나도 써야 하니까 금방 돌려줘."

순간 화가 났지만 크레파스 하나로 치사하게 굴 수는 없잖아.

"잘 썼어! 덕분에 그림 완성! 캬캬~."

그런데 반 토막 나서 돌아온 내 크레파스를 보자, 마음이 또다시 부글부글 끓어오르기 시작했어.

이번엔 꼭 민수에게 한마디 하겠다고 마음먹었는데, 무슨 말을 어떻게 해야 할지 모르겠어. 화를 내면 쪼잔하다고 할까?

상상① 버럭 화를 내는 나   상상② 독설을 날리는 나   하지만 현실은….

사실 이번뿐만이 아니야. 친구들의 장난이 지나칠 때, 억울한 일을 당했을 때, 심지어 선생님께 칭찬받았을 때도 나는 감정을 꼭꼭 숨기기 바빠. 남들은 나보고 이름처럼 '한결' 같대. 내 속도 모르고.

솔직하게 속마음을 털어놓으면 좀 홀가분해질까? 그런데 또 상황이 더 복잡해지진 않을까 걱정돼. 막상 뭔가를 말하려고 하면 그게 어떤 감정인지도 잘 모르겠고……. 하지만 참고 또 참다가 내 감정이 펑~ 하고 터져 버릴 것만 같아.

마음속 감정을 숨기지 말고 들여다봐

한결이는 민수의 행동에 화났지만, 감정을 숨기며 참았어. 하지만 억누른 감정은 더 큰 괴로움을 만들었지. 이렇게 감정을 숨기기만 하면 스트레스만 더 쌓여. 내 감정을 들여다보고 표현하는 것이 마음 건강의 첫걸음이야.

마음속 감정을 숨기면 어떻게 될까?

"임금님 귀는 당나귀 귀!" 임금님의 비밀을 말하지 못해 시름시름 앓던 모자 장수가 대나무밭에서 마음을 털어놓고 홀가분해졌다는 이야기 알지? 겉으로는 감정을 숨겨도 뇌는 계속해서 감정에 영향을 받아서 한결이나 모자 장수처럼 끙끙 앓게 돼. 이렇게 감정을 억누르다 보면 결국 어느 순간 숨겨 둔 감정이 펑! 하고 폭발하기도 하지.

감정을 표현할 때와 억누를 때 어떤 차이가 있을까? 이런 실험도 있었어.

감정을 억누른 사람들은 감정 표현을 한 사람들보다 혈압이 더 높게 나타났어. 심지어 그 사람들과 대화한 사람들도 혈압이 올랐다고 해. 억눌린 감정이 부담과 긴장으로 이어져 스트레스를 키운 거지.

마음속 나의 감정과 친해지는 법

감정을 표현하는 게 사실 쉽지는 않아. "어떻게 말해야 하지?", "괜히 상황만 복잡해지면 어쩌지?" 하고 고민하다 보면 그냥 꾹 참아 버리게 되거든. 그래서 감정을 적절히 표현하려면 내가 어떤 감정을 느끼는지 아는 것부터 시작해야 해. 만약 표현이 어렵거나 어색하게 느껴진다면, 감정에 이름을 붙여 보는 건 어때? 그러면 내 마음과 더 친해질 수 있을 거야.

또한 감정을 구체적으로 말해 보면 마음이 훨씬 편해진대. "짜증 나." 대신 "내 노력이 인정받지 못해 답답해.", "친구가 내 물건을 소중하게 다뤄 주지 않아서 속상해."처럼 자세히 표현하거나, 다양한 감정 어휘를 사용해 봐. 그러면 감정의 원인을 더 잘 이해할 수 있고, 해결책도 찾기 쉬워.

감정에 이름을 붙이고, 구체적으로 표현하는 습관은 마음을 건강하게 돌보는 첫걸음이야. 감정은 나의 적이 아니라, 나를 성장시키는 소중한 친구라는 걸 기억해!

마음 활동 여러 방법으로 감정 표현 연습하기

감정 피자 속 비슷한 감정 어휘 찾기

내 마음을 좀 더 다양하게 표현하는 연습을 하면 내 감정을 이해할 수 있는 폭도 훨씬 넓어져. 비슷한 느낌의 어휘끼리 한번 연결해 봐.

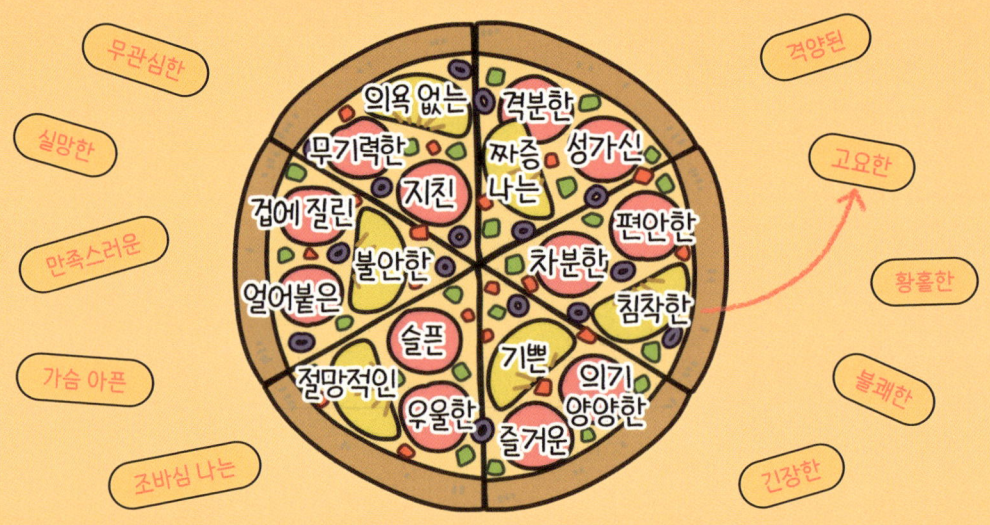

감정 날씨와 마음 연습장

감정을 날씨나 색깔로 표현해 보는 것도 내 마음과 친해지는 좋은 방법이야. 내가 생각하는 감정은 어떤 날씨이고, 무슨 색깔일까?

감정	날씨	색깔
행복	맑음 ☀	
우울	흐림 ☁	

감정을 선으로 표현해 보는 것도 좋아. 펜의 사용법, 손의 움직임, 선의 굵기나 형태에 따라 다양한 감정을 나타낼 수 있지. 최근에 느낀 감정을 떠올리며 그 감정을 닮은 그림을 그려 보자!

작품 이름
_____

마음속에서 느낀 감정 _____
_____

마음과 신체 반응

3 마음과 몸은 연결되어 있어

다정이의 발표 날

"다정아, 얘기 듣고 있어? 너 오늘 좀 이상해. 어디 아파?"

"응? 아……. 아니야. 미안, 나 잠깐 화장실 좀 다녀올게."

오늘따라 집중도 잘 안 되고, 친구가 옆에서 무슨 말을 해도 들리지 않아. 쉬는 시간의 지배자, 나 정다정에게 무슨 일이 생긴 걸까? 다리가 후들거리고 속도 울렁거리는 것 같아. 식은땀도 나고 가슴까지 두근거려……. 몸이 좀 안 좋은 것 같은데?

휴……. 사실 오늘이 아주 중대한 날이기 때문이야!

무슨 날이냐고? 바로……, '나의 장래 희망' 발표 날!

다른 사람 앞에 나서는 순간만 되면 나는 항상 이런 증상을 겪어. 발표 하루 전날 밤부터 잠도 잘 오지 않고 몸이 불편한데 왜 이런 건지 모르겠어. 불안하고 초조한 것만으로도 괴로운데, 왜 몸까지 말썽이냐고…….

신기한 건 발표가 끝나면 그런 증상이 거짓말처럼 사라진다는 거야. 물에 솜사탕 씻은 듯 말이지.

발표 때문에 떨려서 마음이 마구 요동친다는 건 알겠어. 그렇지만 몸까지 이렇게 반응하는 게 정상이야? 나 어디 아픈 걸까?

감정에 따라 사람 몸도 변화해

다정이는 발표를 앞두고 다리가 후들거리고 가슴이 두근거리는 증상을 겪었어. 이런 반응은 단순히 몸만의 문제가 아닐 수 있어. 마음이 불안하면 몸도 함께 반응하는 경우가 많거든. 우리 몸의 여러 신체 기관은 밀접한 관계가 있기 때문이야.

우리 몸에 메신저가 있다?

우리 뇌에는 1,000억 개가 넘는 신경 세포가 있고, 이 세포들은 전기 신호로 정보를 교환해. 이때 '신경 전달 물질'이 신경 세포들 사이 신호를 이어 주기 때문에 '뇌와 몸을 연결하는 메신저'라는 별명도 있지. 이 과정을 통해 뇌는 기억, 생각, 계획 등 다양한 인지* 능력을 수행할 수 있어.

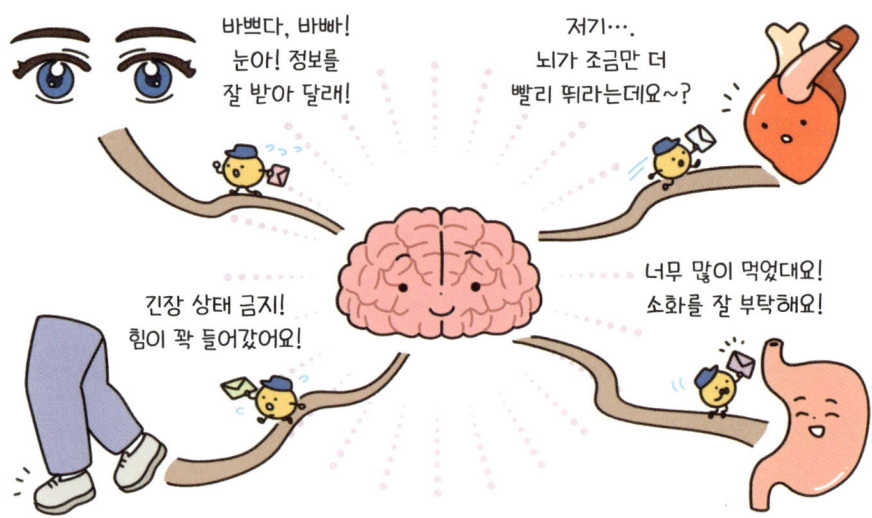

신경 전달 물질은 뇌에서 통합한 다양한 정보를 우리 몸 구석구석에 전달한다

인지 자극을 받아들이고, 저장하고, 내보내는 일련의 정신 과정

뇌에는 약 60가지의 신경 전달 물질이 있는데, 이들이 우리의 기분과 감정에 영향을 미쳐. 어떤 물질이 얼마나 많으냐에 따라 공포, 긴장, 즐거움, 기쁨 등을 느끼게 되거든. 우리가 신경 전달 물질을 마음대로 조절할 순 없지만, 음식, 운동, 명상 등을 통해 어느 정도 영향을 줄 수 있어.

마음속 감정에 따라 몸도 변한다!

핀란드에서 700명을 대상으로 감정에 따라 사람의 몸이 어떻게 변하는지 알아보는 흥미로운 실험을 했어. 그 결과를 바탕으로 감정에 따른 신체 활성도를 나타내는 '인체 감각 지도'를 만들었지.

노란색으로 갈수록 해당 부위의 감각이 증가한 것을, 하늘색으로 갈수록 감각이 감소한 것을 나타낸다

행복할 때는 온몸의 감각이 가장 크게 반응했어. 반면, 화가 날 땐 심장이 가장 강하게 반응했고, 슬프거나 우울할 땐 팔다리에 힘이 빠지는 느낌을 받았대. 또, 걱정이 많을 때는 가슴이 답답할 정도로 감각이 증가했지만, 다리에는 힘이 빠졌어. 그러니까 다정이가 발표를 앞두고 가슴이 두근거리고 다리가 후들거렸던 것도 아주 자연스러운 반응이었던 거야!

 **마음 활동** 나의 인체 감각 지도 만들기

아래 감정 어휘를 보고 이런 감정을 느꼈던 상황을 한번 떠올려 봐. 몸에 어떤 변화가 느껴지니? 앞에서 본 연구를 참고해서 나만의 인체 감각 지도를 만들어 보자!

즐거움

뿌듯함

황홀함

기쁨

만족스러움

감각이 증가한 부위는 노란색으로 칠해!

4 말하지 않아도 마음이 전해져

비언어적 표현

 **진솔이는 별로인 줄 알았어**

'어? 다정이랑 한결이다!'

주말에 엄마랑 쇼핑몰에 갔다가 다정이랑 한결이를 만났어. 아니, 만났다기보다는 영화관으로 들어가는 모습을 봤어.

커다란 팝콘이랑 탄산음료를 들고 영화관으로 들어가는 친구들을 보니 반갑기도 했고, 무슨 영화를 보러 왔나 궁금하기도 했어. 그런데 영화관 입구에 걸려 있는 포스터를 보고 나는 충격을 받았어!

<방과 후엔 마법 소녀>가 걸려 있는 거야! 저건 며칠 전에 나도 같이 보러 가기로 한 애니메이션인데 왜 나만 쏙 빼고 둘이서 보러 갔지? 주말 내내 이 상황이 머릿속에서 떠나지 않아서 도무지 다른 일에 집중할 수가 없었어.

　나는 월요일에 학교에 가자마자 한결이에게 따지듯 물었어. 그런데 황당하게도 이렇게 대답하는 게 아니겠어?

　"응? 진솔이 네 반응이 시큰둥하길래 우리끼리 갔는데? 별로 안 보고 싶었던 거 아니야?"

　'엥? 반응이 시큰둥하다니, 이게 대체 무슨 말이람?'

　가만 생각해 보면 이런 일이 한두 번이 아니야.

　아니 저기……. 나는 분명히 좋다고 얘기한 것 같은데 왜 다들 내 말을 안 믿는 건지 모르겠어. 나는 <방과 후엔 마법 소녀>도 너무 보고 싶었고, 떡볶이도 정말 좋아한다고!

표정이나 몸짓도 강력한 힘이 있어

누구나 진솔이처럼 한두 번쯤 이런 경험을 했을 거야. 나는 좋다고 말했는데도 상대가 반대로 받아들이면 오해나 갈등이 생길 수 있지. 이건 내 속마음을 명확하게 전달하지 못했기 때문일 수도 있어. 그래서 말뿐만 아니라 감정을 효과적으로 표현하는 또 다른 방법이 필요하단다.

마음속 감정을 전하는 또 다른 언어

다양한 감정 어휘를 사용하면 마음 표현에 도움이 된다고 했던 것 기억하지? 그것 말고도 내 감정을 명확하게 전달하는 데 꼭 필요한 게 있어! 그건 바로 '표정과 몸짓'이야. 사실 우리는 이미 무의식적으로 표정과 몸짓을 많이 사용하고 있어.

엄마와 아빠, 또는 선생님이 누군가와 대화하는 순간을 떠올려 봐. 우리가 이해하기 어려운 이런저런 말이 오가겠지? 그런데 가만 보면 단순히 말만 오고 가는 게 아니라, 다양한 표정이 매 순간 스치고, 손짓이나 몸짓도 끊임없이 오가는 걸 볼 수 있을 거야.

이처럼 우리가 누군가와 대화할 때, 말(언어) 이외에도 표정과 몸짓 등을 함께 주고받는데, 이게 '비언어적 표현'이야. 비언어적 표현은 말로 표현하기 힘든 정교한 감정을 담아 내는 데 효과적이야. 때로는 말로 숨겼던 속내가 표정이나 몸짓을 통해 드러나기도 해. 그래서 비언어적 표현이 때로는 말보다 강력한 힘을 발휘하지.

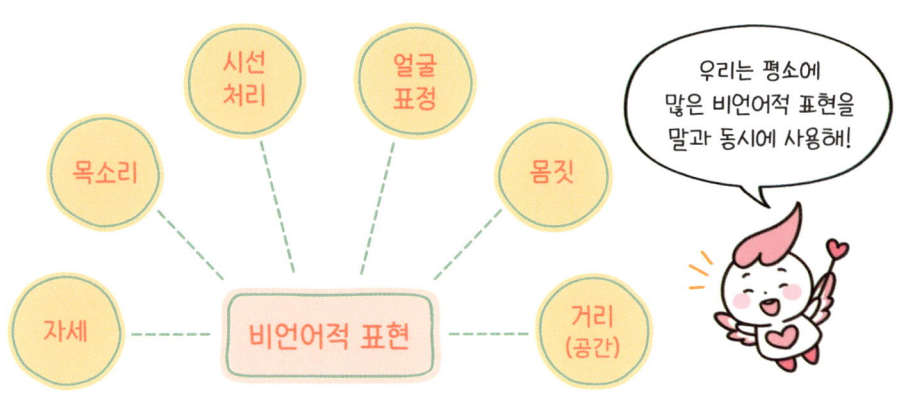

언어적 표현과 비언어적 표현의 일치와 불일치

게임이나 경기에서 진 친구를 위로할 때, "잘했어."라는 말과 함께 눈을 바라보며 고개를 끄덕이거나 어깨를 토닥이는 행동을 함께 해 주면 위로하는 마음을 잘 전달할 수 있어. 하지만 같은 말을 비웃는 표정이나 몸짓과 함께 한다면 친구는 자신을 놀리는 것처럼 느낄 수 있지.

언어적 표현과 비언어적 표현이 같다

언어적 표현과 비언어적 표현이 다르다

언어적 표현과 비언어적 표현이 일치하지 않으면 상대는 혼란스럽게 느끼고 오해를 할 수 있어. 이런 표현이 반복되면 사이가 멀어질 수도 있지.

만약 진솔이처럼 내가 말한 것과 상대방이 받아들이는 것 사이에 차이가 있어서 오해 생기는 일이 자주 발생한다면, 나의 비언어적 표현을 점검해 보는 게 좋아.

반대로, 상대의 비언어적 표현을 살피면 상대방의 마음을 이해하는 데에도 도움이 돼. 그 사람의 무의식적인 감정이 드러나기 때문이야.

지금부터 여러 비언어적 표현을 활용해 나의 감정을 효과적으로 전달하고, 상대의 마음을 파악하는 연습을 해 보자!

마음 활동

표정과 몸짓 보고 감정 파악하기

> 너는 어떨 때 이런 표정이나 몸짓을 하니?

한결이와 예민, 다정, 진솔이의 표정과 몸짓을 보고 친구들이 어떤 감정인지, 왜 그렇게 생각하는지 한번 적어 볼까?

한결이는 　부끄러워하는 것 같아요.
왜냐하면, 　얼굴을 붉히고 손가락을 부딪치고 있기 때문이에요.

예민이는
왜냐하면,

다정이는
왜냐하면,

진솔이는
왜냐하면,

의식과 무의식

5
내가 잘 모르는 내 마음이 있다고?

 마음이야기   꿈속의 최고운, 누구니 넌?

"외로워도 슬퍼도 나는 안 울어~♪."

속상한 일이 있거나 화가 나는 일이 있을 때 나는 항상 이 노래를 흥얼거린다. 그러니까 이건 내 마음을 다스리는 마법의 주문 같은 노래이다. 얼마 전엔 옆집 예민이가 나에게 이런 말을 하기도 했다.

"언니도 화나고 속상할 때가 있어?"

흠, 다른 사람이 보기엔 그럴 수도 있을 것 같다.

마음속에선 거센 비바람이 불고 집채만 한 파도가 일렁거려도 나는 남들 앞에서 감정을 겉으로 잘 드러내지 않는 편이니까 말이다. 그래서 사람들은 내가 침착하고 흔들림 없는 아이라고 생각한다.

　그런데 가끔 꿈에서는 감정을 숨기지 않고 그대로 드러내곤 한다. 말을 더 솔직하게 하고, 평소라면 하지 못하거나 안 하는 행동도 서슴없이 할 때가 있다. 그런 꿈을 꾸고 나면 기분이 좀 이상하다. 뭔가 내 속마음을 들킨 것 같아서 창피한 기분이 드는 동시에 한편으로는 어딘가 후련하기도 하다.
　대체 왜 그런 거지? 나는 외로워도 슬퍼도 울지 않는 굳센 '최고운'인데 말이다! 꿈속의 나, 창피하게 왜 이러는 거야! 대체 누구니, 넌?

마음에는 비밀 상자가 있어

> 고운이는 감정을 잘 드러내지 않지만 꿈속에서는 억눌린 속마음이 드러나며 후련함을 느꼈어. 사람의 마음은 의식과 전의식, 무의식으로 나뉘는데 고운이의 꿈은 감정을 마음껏 드러내고 싶다는 '무의식'에서 나온 것일 수 있어. 무의식은 경험과 기억이 쌓인 곳으로, 평소에는 드러나지 않지만 특정 계기로 우리의 생각이나 행동에 영향을 준단다.

바로 느껴지는 내 마음의 영역, 의식

의식은 우리가 보고 듣고 느끼며 쉽게 파악할 수 있는 영역이야. 친구들과 떠들고 재밌어하는 순간들도 모두 의식의 일부야. 지금 하고 있는 일이나 느끼는 감정을 <mark>바로 알아차릴 수 있는 게 바로 의식이지.</mark>

마음속 아주 깊은 곳의 영역, 무의식

무의식은 깊은 내면*에 자리한 비밀스러운 보물 상자와 같아.

심리학자인 프로이트는 의식과 무의식을 빙산에 비유했어. <mark>물 위로 보이는 극히 일부분이 의식이고, 물속에 숨겨진 큰 부분이 무의식이라는 거야.</mark> 무의식은 알아차리기 힘들지만, <mark>감정과 행동에 은근하게 작용하며 우리 생각과 선택에 영향을 미쳐.</mark> 마음 깊은 곳에 쌓인 감정이나 경험이 나도 모르게 반응하는 거야. 그래서 무의식을 들여다보려 노력하면 더 현명하게 살아갈 수 있어.

무의식이 인간 심리의 대부분을 차지해.

지그문트 프로이트

내면 밖으로 드러나지 않는 사람의 속마음. 사람의 정신적·심리적 측면을 이름

마음의 중간 단계, 전의식

전의식은 단번에 깨닫지 못하지만, 노력하면 떠올릴 수 있는 마음의 중간 단계야. 며칠 전에 동생이 한 말이나 지난주에 친구가 입었던 옷처럼, 지금은 잊었지만 조금만 주의를 기울이면 기억해 낼 수 있는 것들이지.

무의식과 달리, 전의식의 생각들은 자극을 받으면 의식으로 올라올 수 있어. 이런 특성을 이해하면 무의식적으로 본능적*인 선택을 내리기 전에, 나의 생각을 점검하고 마음을 다스릴 수 있어.

의식은 바다에 흘러 다니는 얼음덩어리인 빙산의 일부분, 무의식은 깊이 잠긴 부분, 전의식은 필요하면 위로 떠올릴 수 있는 부분으로 비유된다

본능적 저절로 나타나는 행동이나 반응에 따라 움직이는 것

내 감정에 대한 또 다른 감정, 초감정

고운이가 꿈속에서 감정을 자유롭게 표현한 건 마음 깊은 곳에 '동생보다 먼저 엄마에게 챙김받고 싶다.'는 바람과 그런 감정을 드러내고 싶은 욕구가 있었기 때문일지도 몰라. 어떤 꿈들은 무의식의 통로가 되기도 해.

사실 많은 사람이 고운이처럼 감정을 드러내는 걸 부끄럽게 느껴. '다른 사람 앞에서 눈물을 보이거나 화내는 건 창피한 일'이라고 생각하는 것도 그 경우야. 이런 생각은 오랜 사회적 편견이나 인식에서 생긴 것일 수도 있어.

이럴 땐 초감정을 아는 게 도움이 돼. 초감정은 '내가 느끼는 감정에 대한 또 다른 감정'이야. 고운이가 감정 표현을 부끄럽게 여기는 것도 초감정 때문이지.

초감정도 무의식처럼 과거의 경험에 영향을 받아. 그래서 어떤 상황에서 갑자기 슬프거나 불안해지는 건, 예전 경험과 맞물려서일 수 있어. 그러니 속상할 땐 "왜 이런 기분이 들까?", "언제 이 감정을 느꼈지?"라고 생각하며 과거를 돌아봐. 무의식은 알기 어렵지만, 초감정은 연습하면 조금씩 알아차릴 수 있으니까. 무의식과 의식을 연결하는 '전의식'을 탐구해 보면 마음속 소용돌이의 이유를 더 잘 이해할 수 있어.

마음 활동 — 전의식 알아차리는 연습하기

> 감정이 변했던 순간이 언제야?

감정 일기 쓰기

기분이 갑자기 변했던 순간을 감정 일기로 기록해 볼까? 꼼꼼하게 적어 두면 유독 내가 민감하게 반응하는 상황의 공통점을 발견할 수 있어.

언제:	어디서:
누구와:	무엇을:
어떤 마음이 들었니?:	

초감정 테스트

이번에는 감정에 대해 나는 어떤 선입견을 가지고 있는지 한번 확인해 볼까? 유난히 표현하기 어렵게 느껴지는 감정이 있는지도 확인해 봐.

- 친구들 앞에서 울고 나면 내가 부끄럽게 느껴질 때가 있다. O X
- 사람이 자신의 감정을 이겨 내지 못하면 미성숙하다고 생각한다. O X
- 상대가 묻지도 않았는데 스스로 말하고 나서 '괜히 말했나?' 하고 후회할 때가 있다. O X
- 감정을 너무 드러내면 언젠가 이것이 나의 약점이 될 것이라 생각한다. O X
- 좋은 일이 있다고 너무 행복해하는 것은 질투를 사는 지름길이라고 생각한다. O X
- 화를 내고 나서 스스로 참을성이 없다고 느껴질 때가 있다. O X
- 기쁨을 너무 드러내면 다른 사람들이 나를 철없다고 여길까 걱정된다. O X
- 슬픔을 나누면 다른 사람에게 내 문제를 떠넘기는 것 같아 미안하다. O X
- 두려움을 표현하면 사람들이 나를 약한 아이라고 볼 것 같다. O X
- 감정은 심각한 문제가 생겼을 때만 드러내는 것이 좋다고 생각한다. O X

우리를 힘들게 하는 감정들과 무심코 사용하는
심리적 방어 기제, 그리고 그 원인을 담았어요.
나의 못난 모습을 마주하는 것은 힘들지만
이런 감정과 반응을 알면
내 행동의 이유를 알 수 있고,
내 마음을 좀 더 건강하게 돌볼 수 있어요.

자기 비하

6
나는 왜 스스로를 낮출까?

 **마음 이야기** **잘하는 게 하나도 없는 이한결**

"한결아, 공 굴러간다!"

친구의 말이 끝나자마자 축구공이 내 앞으로 데굴데굴 굴러왔어. 마치 시간이 멈춘 듯한 느낌이었고, 굴러오는 공을 향해 나는 손을 쭉 내밀었지. 그런데 축구공이 살아 있기라도 한 걸까? 공은 내 손과 다리 틈으로 쏙 빠져나갔고, 나는 골을 먹고 말았지. 결국 우리 믿음 초등학교가 한 골 차이로 지고 말았어.

이게 다 나 때문이야. 내가 이럴 것 같아서 골키퍼는 정말 하기 싫었는데……. 역시 결국 이렇게 됐어.

"아하하, 미안해. 나 때문에 졌네. 내가 그렇지 뭐……."

"공이 좀 이상하게 튀던데? 돌멩이가 있었나? 신경 쓰지 마!"

"다음에 이기면 되지. 배고픈데 떡볶이나 먹으러 가자!"

내가 실수를 할 때마다 친구들은 위로의 말을 건네지만, 속으론 날 한심하게 생각할지도 몰라.

가만 생각해 보면, 나는 뭔가를 제대로 하는 게 없는 것 같아. 공부도 잘 못하고, 운동도 못해. 심지어 친구들과 게임할 때도 가장 먼저 탈락하는 게 바로 나야!

휴, 정말 '한결'같이 나는 대체 왜 이 모양일까? 이번 생은 망한 것 같아!

실망할까 봐 먼저 자신을 비난하지 마

한결이는 자신을 낮추는 말이 습관처럼 굳어 버린 모양이야. '나는 왜 이럴까?', '내가 그러면 그렇지 뭐.', '이번 생은 망했어!' 같은 말을 스스럼없이 내뱉는 걸 우리는 '자기 비하'라고 해. 어떤 사람들은 자기 비하를 겸손이나 자기 반성으로 착각하기도 하지만, 사실 겸손은 자존감에서 나오고, 자기 비하는 열등감에서 시작된다는 점에서 완전히 다른 거야.

나를 보호하기 위해 나를 비난하는 것

왜 우리는 나 자신을 응원하고 위로하기보다 오히려 앞장서서 비난할까? 그건 바로 우리 무의식에서 비롯된 '자기방어 기제' 때문이야. 자기방어 기제란 나를 보호하기 위해 방어막을 치는 거야. 자신을 비난하는 게 어떻게 자신을 보호하는 일이 될 수 있을까? 예를 들어 볼게.

나에 대한 기대가 100일 때  결과가 좋지 않다면?

자기방어 기제는 마음이 불안하거나 힘든 일이 생겼을 때 작동해!

나에 대한 기대가 높으면 결과가 좋지 않을 때 실망감을 크게 느낄 수 있다

나에 대한 기대를 낮추면 결과가 좋지 않을 때 실망감을 줄일 수 있다

그러니까 누군가를 실망시키거나 원하는 결과를 내지 못할 거라는 두려움이 심하면 무의식적으로 기대치를 낮추며 자기방어 기제를 발동하는 거지. 남의 시선을 의식해 자기 비하를 하는 경우도 마찬가지야. 실수나 잘못을 지적받기 전에 스스로 '셀프 디스'를 하며 평가나 질책을 피하려는 거지.

자기 비하가 어떻게 자기방어로 이어지는지 알겠지?
하지만 계속 자신을 부정적으로 생각하면 '나는 잘하는 게 없는 사람'이라고 믿게 되고, 진짜 잘하는 일이 있어도 자신감을 잃어 제대로 해내지 못하게 돼. 그러다 보면, 자신을 가치 있는 존재로 여기는 마음인 자존감이 떨어지고, 자꾸 자신의 부족한 점만 찾게 돼.

스스로에게 주는 '칭찬 스티커'

때로는 다른 사람에게 위로받기 위해 자기 비하를 하는 경우도 있어. 한결이가 자책할 때 친구들이 따뜻하게 위로한 것처럼, 주위 사람들의 "괜찮아. 넌 충분히 잘하고 있어."라는 말이 좋아서 자신을 비난하는 거지.

물론, 힘들 때 위로해 주는 친구가 있다는 건 감사한 일이고, 주변 사람의 관심과 격려가 큰 도움이 되는 건 사실이지만 이런 게 반복되면 관계를 오래 유지하기 어려워져. 관심과 격려가 한쪽으로만 향하는 일방적인 관계가 되면 감정 소모가 커지기 때문이야.

자기 비하가 마음을 잠깐 지켜 주는 자기방어는 될 수 있지만, 오래도록 도움되는 방법은 결코 아니야. 자신을 비난하는 습관이 있다면, '참 잘했어요' 도장을 찍어 주듯 스스로를 칭찬하는 연습을 해 보는 건 어떨까? 그래야 나한테도 '괜찮은 점'이 있다는 걸 알 수 있으니까! 그러다 보면 '못난 나' 대신 '아직은 부족하지만 발전할 수 있는 나'를 발견하게 될 거야.

 ## 나를 위한 응원단 만들기

나를 응원하면 용기가 샘솟아!

혹시 나도 모르게 나를 깎아내리고 비난하는 말을 많이 하고 있는 건 아닐까? 그렇다면 지금부터 나를 위한 응원단이 되어 보는 건 어때? 내 모습을 그리고, 나를 응원하는 멋진 문구를 한번 적어 보자!

무기력

7 아무것도 하고 싶지 않아

 **마음 이야기** — **누워만 있고 싶은 다정이**

아무것도 하고 있지 않지만, 더욱 격렬하게 아무것도 하고 싶지 않아! 이미 누워 있지만, 더 적극적으로 누워만 있고 싶어!

요즘 이런 생각이 자주 들어. 몸은 축 늘어지고, 머릿속에는 뿌연 안개가 가득 찬 것 같아. 뭔가를 하려고 해도 의욕이 없어. 간식을 가지러 부엌에 가는 일조차 높은 산을 오르는 것만큼 힘들고 버거운 일로 느껴진다니까?

더 큰 문제는 평소 좋아하던 일에도 관심이 없어졌다는 거야. 나는 엄마 따라 마트에 가는 거 정말 좋아하거든? 거기 가면 정말 재미있는 물건이 많잖아. 시식 코너에서 이것저것 주워 먹는 재미도 있고…….

　그런데 어제는 마트에 가는 것도 귀찮게 느껴지더라고.

　"어머, 얘가 웬일이래? 해가 서쪽에서 뜨겠네. 그럼 엄마만 다녀올게. 그렇게 누워서 스마트폰만 들여다보지 말고 숙제라도 해!"

　쉬는 시간의 지배자이자 국가대표급 파워 외향형 인간인 나, 정다정이 이렇게 아무것도 하기 싫고 마냥 누워 있고만 싶고 뭘 해도 시큰둥한 사람이 될 줄 누가 알았겠어? 혹시 스트레스 때문인가?

　흠……. 이런 마음이 뭔지 아는 사람이 있을까? 서쪽에서 뜨는 해가 있다면 한번 물어보고 싶다!

몸과 마음이 지치면 모든 게 하기 싫어져

마음과 몸이 연결돼 있다고 했지? 여기서도 다정이의 마음이 몸에 그대로 나타났어. 다정이처럼 의욕이 없고 집중이 안 되며, 모든 일이 귀찮게 느껴지는 상태를 '무기력'이라고 해. 말 그대로 '기력이 없는' 상태야. 그렇다면 무기력의 원인은 무엇일까? 축 처진 느낌의 비밀을 알아보자.

건강한 습관이 무너지면 무기력이 찾아온다!

무기력이 찾아오는 가장 큰 이유 중 하나는 바로, 몸을 제대로 돌보지 못했을 때야. 잠을 충분히 못 잤거나, 밥을 잘 챙겨 먹지 않았거나, 운동 부족으로 체력이 떨어져서 학교에서 유난히 힘들었던 적이 있지? 이렇게 <u>건강한 생활 습관이 무너지면 몸과 마음이 쉽게 지쳐.</u>

사실 무기력은 뇌와도 관련이 있어. 우리 뇌에는 '글리아 세포'라는 게 있는데, 이 세포는 우리가 잠을 자는 동안 뇌 속 노폐물을 치우고, 에너지를 잘 쓸

수면 부족이 지속되면 글리아 세포의 에너지 관리 기능이 약해진다

수 있도록 도와줘. 하지만 잠이 부족하면 글리아 세포가 제 역할을 다하지 못해 하루 동안 쓸 에너지가 부족해져서 결국 피곤하고 무기력해질 수 있어. 특히 잠들기 전, 스마트폰을 오래 보면 뇌가 긴장 상태를 유지하기 때문에 잠들기 어려워지지.

마음 상태도 중요해!

무기력함은 마음속 스트레스나 주변 환경의 영향으로도 생겨. 예를 들어, 계속해서 실패를 경험하면 자신감이 떨어지고, 뭘 해도 소용없을 것 같아서 아무것도 하고 싶지 않을 수 있어. 새로운 일에 도전할 의욕이 사라지며 힘이 빠지는 거지. 또한 매일 똑같은 일상만 반복되거나, 혼자 있는 시간이 길어지면 무기력함이 더 커질 수도 있단다. 새로움이 부족하면 하루하루가 재미없고 지루하게 느껴지기 때문이야.

> 무기력은 다양한 원인에서 비롯돼!

무기력을 관리하는 방법

무기력해지면 우리는 종종 즉각적인 만족을 주는 걸 찾아. 대표적으로 음식이 그래. 하지만 초콜릿이나 감자튀김 같은 자극적인 간식은 에너지가 오래가지 않아. 대신 채소, 과일 같은 건강한 음식은 비타민이나 식이 섬유가 풍부해서 에너지가 더 오래 지속돼.

스마트폰이나 게임에 빠지는 것도 같은 이유야. 그럴 땐 잠깐이라도 뛰어놀아 봐. 기분이 훨씬 좋아질 거야. 운동을 하면 '엔도르핀'이라는 행복 물질이 나오거든.

> 오호~.춤을 추니 엔도르핀이 뿜뿜!

이렇게 내 몸을 돌보면서 마음 또한 챙겨 봐. 친구와 수다 떨거나, 음악을 듣는 것만으로도 무기력한 기분이 사라지고 활력을 되찾는 데 도움이 될 거야.

무기력에 미션을!

무기력을 물리치는 데 또 한 가지 중요한 게 바로 '목표'야. 동기나 목표가 없으면 "내가 왜 이걸 해야 하지?"라는 생각이 들고, 모든 행동에 시큰둥해질 수밖에 없어.

게임 속 캐릭터의 사연과 미션을 알 때 게임에 몰입할 수 있는 것처럼 우리도 목표가 있어야 무기력을 떨치고 더 적극적으로 움직일 수 있어.

만약 지금 아무런 목표가 없는 상황이라면, 오늘부터 나를 즐겁게 하는 작은 일을 기록해 봐. "복숭아를 먹으니 행복했어.", "나뭇잎 사이로 반짝이는 햇빛을 보니 기분이 좋아졌어."처럼 사소한 것도 괜찮아. 작은 즐거움을 찾다 보면 기분 전환하는 방법을 찾게 될 거야.

그다음엔, 내가 하고 싶은 일이 무엇인지 생각해 보고 구체적인 목표와 계획을 한번 만들어 봐. 게임 속 캐릭터에게 주어지는 '미션'처럼 말이야.

 **꿈을 이루는 3단계 작전 세우기**

아주 작은 꿈이나 목표도 괜찮아!

'내가 정말 하고 싶은 일'을 생각해 볼까? 꿈을 정하고, 그 꿈을 이루기 위한 목표를 세운 뒤, 구체적인 행동 계획까지 3단계로 정리해 보자!

내가 이루고 싶은 꿈은 무엇일까?

세계 여행

꿈을 이루기 위해 나는 어떤 목표를 세워야 할까?

영어 실력 키우기, 세계사 공부하기

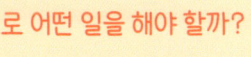
목표를 달성하기 위해 구체적으로 어떤 일을 해야 할까?

3개월 동안 하루에 영어 단어 5개씩 외우기

8 자꾸만 걱정이 앞서

 **예민이 부모님의 말다툼**

"아니, 당신이 먼저 말을 그렇게 했잖아!"

"흥분하지 말고 내 얘기를 좀 들어 보라니까? 그게 이렇게 화를 낼 일이야?"

나는 식탁에 앉아 수저를 만지작거리며 엄마, 아빠 눈치를 살폈어. 사건은 마트에서부터 시작됐어. 처음엔 분위기가 좋았어. 그런데 카트에 물건이 하나둘 쌓이기 시작하니까 엄마, 아빠 사이에 불꽃이

서서히 튀기 시작했어.

  마트에서 시작된 부모님의 말다툼은 결국 저녁 식사 시간까지 이어졌어. 밥이 코로 들어가는지 입으로 들어가는지 모르겠더라고. 두 분은 자주 티격태격했지만 이번엔 좀 심각해 보였어. 엄마, 아빠의 목소리는 점점 커졌고, 표정도 차갑게 굳어졌어. 내 머릿속에는 온갖 나쁜 시나리오가 떠올랐어.

  '엄마가 화가 나서 집을 나가 버리면 어떡하지? 드라마에서처럼 엄마, 아빠가 따로 살게 되는 건 아닐까?'

  '그럼 우리 가족은 어떻게 되는 거지? 그리고 "너 엄마랑 살래, 아빠랑 살래?"라고 물어보면 나는 대체 뭐라고 대답해야 하지?'

  아악! 나는 결국 짜증이 치밀어 올라서 울면서 소리쳤어.

  "그만 싸우면 안 돼!?"

  이렇게 불안하고 무섭게 만드는 엄마, 아빠가 너무 짜증 나!

걱정이 늘 현실이 되는 건 아니야

> 사람은 위험하거나 적응하기 어려운 환경에서 두려움과 불안감을 느껴. 두려움은 지금 당장의 위협, 불안감은 불확실한 미래에 대한 걱정에서 비롯되지.
> 예민이는 부모님의 다툼을 보며 "혹시 우리 가족이 깨질까?" 하고 걱정했어. 이게 불안감으로 이어지면, 일어나지 않은 일까지 상상하며 초조해질 수 있어. 불안할 땐, 내가 걱정을 키우고 있는 건 아닌지 돌아보는 게 중요해!

불안감이라는 '경보' 시스템

불안감이 들면 심장이 두근거리고, 손에 땀이 나거나 가슴이 울렁거려. 집중력이 떨어지고 안절부절못하기도 하지. 이런 기분을 좋아하는 사람은 없지만, 사실 불안감은 우리 뇌 속에서 '경보' 시스템 역할을 해.

옛날에 원시인들은 맹수의 공격을 피하려고 항상 긴장하고 경계해야 했어. 불안감 덕분에 위험을 감지하고 살아남을 수 있었지. 지금은 맹수를 피할 일은 없지만, 새로운 환경에 적응하는 데 여전히 불안감이 필요해. 불안감은 눈앞의 위험뿐만 아니라 변화에 대비하는 역할도 하니까 말이야.

불안감이 있으면
위험을 미리 대비할 수 있다

불안감이 없으면 위험을 감지하지 못해
더 큰 위험에 처할 수 있다

왜 부모님의 다툼이 불안감을 일으킬까?

불안감은 익숙한 환경이 바뀔 수도 있다는 신호에도 작동해. 우리에게 가장 익숙하고 안정적인 환경은 '가족'이야. 특히 부모님은 우리를 지켜 주고 돌봐 주는 존재이지. 부모님과의 관계는 우리가 맺는 모든 관계의 시작이 되고, 이 경험은 우리의 감정과 심리적 방어 기제 형성에 큰 영향을 줘. 그래서 부모님의 말다툼이나 갈등이 삶의 울타리가 흔들리는 신호처럼 느껴질 수 있어. 자연스럽게 불안감도 커지는 거지.

부모님의 다툼은 마음속 경보 시스템을 작동시킨다

'엄마, 아빠가 싸우면 우리 가족은 어떻게 될까?', '혹시 부모님이 헤어지면 나는 어떡하지?' 이런 생각들이 떠오르면 불안감의 경보 시스템이 작동해. '혹시 모를' 위험을 대비하라고 신호를 보내는 거야.

하지만 걱정이 지나치면 나만 힘들어져. 그래서 불안감이 클 때는 그것이 '진짜 위험 신호'인지, 아니면 '단순한 걱정'인지 구별하는 게 중요해. 부모님이 다툰다고 가족이 다 변하는 건 아니거든. 가까운 사이에도 의견 차이로 다툼은 당연히 있을 수 있어.

불안감의 덩치를 줄이는 방법

부모님의 다툼 말고도, 우리는 다양한 상황에서 불안감을 느껴.
불안할 때는 먼저 심호흡을 크게 해 봐. 숨을 깊이 들이마시고 내쉬면 빠르게 뛰던 심장이 좀 차분해질 거야.
그다음엔 불안한 감정을 소리 내어 표현해 보자.

>> 엄마, 아빠가 싸워서 너무 걱정돼.
>> 친구들이 날 안 좋아할까 봐 불안해.

불안한 감정을 입 밖으로 꺼내 놓으니 좀 괜찮지?

이렇게 내 마음을 말로 꺼내 놓으면, 머릿속에서 막연하게 커지던 불안감의 이유를 정리하는 데 도움이 돼.
그래도 불안감이 사라지지 않으면, 믿을 수 있는 어른에게 털어놓아 보자! 부모님의 일이라면 부모님께 직접 말해도 좋고, 선생님께 해도 좋아. 그분들이 나의 불안감을 완벽하게 해결해 주진 못해도 도움을 줄 수는 있을 거야.
가장 조심할 건 걱정을 키우는 것! 같은 생각을 반복하면 뇌는 불확실한 가능성에 더 집중해. 그럴 땐 내가 통제할 수 있는 것과 없는 것을 나누어 봐.
부모님의 다툼을 내가 어떻게 할 수는 없지만, 감정을 표현하거나 심호흡을 하는 건 내가 할 수 있는 일이야. 이렇게 한 걸음 물러나 바라보면, 불안감이 과도하게 커지는 걸 막을 수 있어.

내가 통제할 수 있는 것	내가 통제할 수 없는 것
✓ 불안할 때 숨을 깊게 들이마시고 내쉬기	✓ 부모님이 언제, 어떻게 말다툼할지 아는 것
✓ 불안한 감정을 솔직하게 이야기하기	✓ 엄마, 아빠의 감정과 생각
✓ "화해했어." 같은 과거 경험 떠올리기	✓ 다툼이 생기는 모든 이유

 **마음 활동** ## 불안한 마음 고쳐 쓰기

불안감에 사로잡히면 실제보다 걱정을 더 키울 수 있어.

혹시 불안감을 키우고 있다면, 내 마음이 나를 속이고 있는 건 아닌지 살펴봐.
동그라미 안에 내 얼굴을 그리고, 불안의 소리를 객관적으로 고쳐 보자!

 엄마, 아빠가 헤어지면 어떡하지?

엄마, 아빠도 사람이니 가끔씩 싸울 수 있어!

 아무도 나와 친구가 되고 싶어 하지 않을 거야.

 저 아이가 내 흉을 보고 있는 것 같아.

65

외로움

9 내 곁엔 아무도 없는 것 같아

 **마음 이야기** — 한결이 때문에 쓸쓸한 진솔이

한 해가 바뀌고 드디어 새 학년이 시작되었어! 두근두근 설레는 마음도 있지만, 기분이 약간 가라앉는 건 어쩔 수 없네. 그동안 항상 같은 반이었던 한결이와 처음으로 다른 반이 되었거든.

나는 수업을 마치고 교문 앞에서 한결이를 기다렸어. 늘 그렇듯 함께 집에 가려고 했지. 마침 저기서 한결이가 걸어오는 게 보였어.

'응? 그런데 한결이 옆에 있는 저 녀석은 누구지?'

"어? 진솔아, 여기서 뭐해?"

"어어……? 아니……. 누구 좀 기다리느라."

"여긴 우리 반 정민이. 얘도 너처럼 게임 엄청 좋아한대. 우리 지금 게임하러 갈 건데 같이 갈래?"

쳇, '우리 반' 정민이라니……. 그럼 나는 '다른 반' 진솔이인 건가? 한결이가 그런 의미로 한 말은 아닐 거야. 하지만 실과 바늘처럼 늘 함께 붙어 다니던 한결이가 처음 보는 친구랑 웃으며 같이 걸어가는 걸 보니 묘한 기분이 드는 건 사실이었어. 내가 끼어들 틈이 없는 것 같았지.

한결이가 딱히 잘못한 건 없어. 그저 나 없이 즐거워 보이는 한결이를 보니 약간 서운하기도 하고 어딘가 마음 한구석이 텅 빈 것 같은 느낌이 들었달까? 내가 비록 감정 표현이 적지만 나도 이런 감정을 느낀다고…….

그동안 나는 한결이를 '베스트 프렌드'라고 생각했는데, 어쩌면 한결이에겐 그게 아니었을지도 모르겠어. 누군가와 친해도 결국은 나 혼자라는 느낌이 들었어.

 **마음 진단** ## 혼자서 행복한 사람이 함께일 때도 행복해

> 항상 붙어 다니던 한결이가 다른 친구와 웃으며 대화하는 모습을 보고, 혼자 있던 진솔이는 '외로움'을 느꼈어. 외로움은 혼자라고 느끼거나 고립됐다고 생각될 때 밀려오는 감정이야. 누구나 경험하는 자연스러운 감정 중 하나지.

나를 성장시키는 좋은 외로움

독일의 유명한 작가이자 철학자인 요한 볼프강 폰 괴테는 "영감*은 고독 속에서 얻을 수 있다."고 했어. 혼자만의 시간을 가지면 내면을 살피고 창의적인 생각을 할 수 있다는 거야. 여기서 괴테가 말하는 고독은 쓸쓸하고 외로운 게 아니라, 나를 더 깊이 이해하게 해 주는 '좋은 외로움'이야.

친구들이 저기 있다고 해서 하던 걸 무조건 멈추는 게 아니라, 가끔은 혼자 책을 읽거나 그림을 그리며 나만의 시간을 즐기는 것도 뜻깊은 하루를 보내는 방법이야.

외로움을 자연스러운 감정로 받아들이면, 자신에게 도움되는 좋은 외로움으로 발전시킬 수 있다

영감 창조적인 일의 계기가 되는 기발한 착상이나 자극

나를 힘들게 하는 나쁜 외로움

사실, 외로움을 말할 때 많은 사람이 부정적인 감정을 먼저 떠올려. 혼자 소외되거나, 기대했던 관심을 받지 못했을 때처럼 감정을 나눌 대상이 없을 때 잘 생겨나기 때문이야. 이런 상태에서 친구에게 의지하는 마음이 과도하게 커지면, 그 친구에게 집착하거나 혼자 되는 걸 두려워하는 마음이 생기기도 해. 이런 '나쁜 외로움'은 나의 자존감을 낮춰.

친구들이 노는 걸 '나만 빼고 논다.'고 느끼는 건 나쁜 외로움의 신호야. 이런 생각은 시선을 흐리게 하고 관계에도 부정적인 영향을 미치지. 사소한 말에도 쉽게 상처받거나, 다른 사람의 행동을 나쁘게 받아들이기 쉬워지거든.

외로움이 왜곡되어 나타나면 집착이나 공격성을 부른다

기대치를 낮추고 나를 사랑하기

관계에 대한 기대치가 높을수록 외로움을 더 쉽게 느껴. "나는 이렇게 너를 신경 쓰는데, 왜 너는 아닌 것 같지?"라는 생각이 들기 쉽거든. 다른 사람에 대해 스스로 만든 기대가 크면 클수록 그게 어긋났을 때 실망도 커지는 거야.

다른 사람에게 지나친 기대와 환상을 품으면,
기대가 깨졌을 때 스스로 상처를 키우는 나쁜 외로움이 된다

다른 사람과의 관계에서 누가 더 신경 쓰는지는 주관적인 생각일 뿐이야. 따라서 <mark>내가 생각하는 친구의 모습과 다르다고 해서 무턱대고 서운해하기보다는 내가 친구에게 지나치게 기대한 것은 아닐까 하고 생각해 봐.</mark>

이제부터 혼자 있는 시간을 편안하게 받아들이며 감정을 솔직하게 들여다볼 수 있는 좋은 외로움을 즐겨 봐. 나만의 즐거움을 찾고, 나를 이해할수록 다른 사람과도 건강한 관계를 맺을 수 있어.

'내가 진짜 무엇을 원하는지' 모른 채 다른 사람과의 관계로 외로움을 채우려 하면, 상대가 내 마음 같지 않을 때마다 텅 빈 감정을 느끼거나, 늘 새로운 관계를 찾아 헤매게 돼. 하지만 그런 방식으로는 외로움에서 자유로워질 수 없다는 걸 꼭 기억해.

> 혼자 잘 지내는 사람이 다른 사람과도 잘 지낼 수 있어!

외로움 100배 즐기는 방법 찾기

> 외로움이 꼭 나쁜 건 아니야! 그 시간을 즐겁게 바꿀 수도 있어!

외로움이 찾아왔을 때, 기분을 전환하거나 새로운 놀이를 해 볼 수 있어.
외로움을 다스릴 수 있는 나만의 방법을 찾아볼까?

마음을 터놓을 사람이 없다고 느낄 때는?
미래의 나에게 영상 편지하기

같이 영화를 보러 갈 친구가 없을 때는?
집에서 영화관 분위기 만들기

휴일에 약속이 없을 때는?
혼자 우리 동네 탐험하기

소중한 친구가 멀리 떠났을 때는?

새로운 장소에 갔는데 아는 사람이 없을 때는?

부모님이 너무 바쁠 때는?

> 배신감

10 어떻게 나한테 그럴 수 있어?

 **마음이야기** **이제 최고운에게 친구는 없다!**

별로 친하지도 않은 옆 반 친구에게 그런 말을 들었을 때, 순간적으로 온몸이 굳었다. 입이 쩍 벌어지고 얼굴이 화끈거렸지만, 이내 나는 최대한 담담한 표정을 유지하려 애썼다. 목소리도 평소처럼 내보려 했지만, 미세하게 떨리는 걸 감출 순 없었다.

"그게 무슨 소리야? 그런 말 어디서 들은 거야?"

"엥? 너네 반 민정이가 말해 주던데? 아니었나 보네."

나는 어깨를 으쓱이며 대수롭지 않다는 듯 웃어 보였다. 적당히 얼버무린 뒤 조용히 자리를 피했다. 누구에게도 들키고 싶지 않았다.

나는 화장실 거울 앞에 서서 심호흡을 했다. 목구멍이 꽉 막힌 것처럼 답답했지만, 울 순 없었다. 나는 '외로워도 슬퍼도 울지 않는' 최고운이니까.

마음 한쪽이 묵직하게 내려앉았다. 사실 그건 맞는 말이었다. 아무도 모르는, 오직 민정이만 아는 나만의 비밀. 일주일 전, 단짝인 우리 반 민정이에게 털어놓고 한결 후련했는데, 내 비밀이 벌써 다른 반까지 퍼지다니. 민정이가 내 이야기를 말하고 다닌 걸까? 대체 왜? 애써 냉정해지려 했지만, 가슴 한구석이 저릿했다. 믿었던 친구에게 배신이라니……. 비밀을 털어놓은 내가 바보지.

나는 거울 속의 나를 한참 바라보다가 길게 한숨을 내쉬었다. 다시는 민정이와 예전처럼 지낼 수 없겠지? 친구의 비밀을 소중히 여기지 않는 사람과는 친구가 될 수 없으니까.

가슴 어딘가가 조금 부서지는 느낌이었다.

믿음이 깨지면 마음도 크게 다쳐

> 고운이는 단짝 친구 민정이에게 조심스럽게 비밀을 털어놨지만, 그 비밀이 퍼진 걸 알고 엄청난 배신감을 느꼈어. 그 일 이후, 예전처럼 지낼 수 없을 것 같아 친구를 대하는 태도도 조심스러워졌지. 이 사건은 앞으로 고운이의 인간관계에 큰 영향을 미치게 될 거야.

배신감이 남기는 큰 상처

배신감은 믿었던 사람이 기대를 저버렸을 때 느끼는 감정이야. 특히 가까운 사람에게 배신당하면 오래도록 마음이 아파.

배신을 당하면 큰 충격과 함께 분노가 치밀고, 시간이 지나면 자책과 후회에 빠지게 돼. 결국 깊은 슬픔과 불안, 사람에 대한 의심이 생기지.

<u>이런 감정이 드는 건 배신이 우리가 쌓아 온 믿음을 무너뜨리기 때문이야.</u> 믿음이 깨지면 '내가 상대에게 뭘 잘못했나?' 같은 생각들이 떠오르며 나의 자존감 또한 흔들릴 수 있어.

배신감은 상실감도 가져와. 단순히 한 사람이 떠나는 게 아니라, 함께한 추억과 감정까지 사라진 듯하기 때문이야. 결국 <u>배신은 믿음, 감정, 자존감까지 흔드는 깊은 상처가 돼.</u>

배신을 당했을 때 느끼는 다양한 감정

상처받았다고 마음을 영영 닫지 마!

배신은 가능하면 경험하지 않는 게 좋지만, 어떻게 대처하느냐에 따라 한층 성장할 수 있어. 사람들과의 관계 속에서 나에게 중요한 가치를 돌아보고, 인간관계를 더 신중하게 맺는 계기가 되기도 하거든.

그러기 위해서는 아픈 감정을 숨기거나 외면하기보다 인정하는 것이 중요해. 물론 쉽진 않아. 배신감은 분노, 슬픔, 실망이 뒤섞인 감정이라 마주하는 것 자체가 어려우니까. 그래서 많은 사람이 자신의 감정을 애써 무시하거나 감춘 채, 깊은 관계를 피하고 혼자가 되는 선택을 하기도 해.

하지만 이렇게만 머물면 상처받은 마음이 회복할 기회를 놓칠 수 있어. 배신감이 '다른 사람에 대한 미움'으로 굳어져 나를 계속 괴롭히고, 나와 좋은 관계를 바라는 새로운 인연마저 막아 사람들과 더 멀어지게 할 수도 있거든. 상처받지 않기 위해 무심한 척하거나 애초에 깊은 관계를 피하려 할 테니까.

배신당해 상처받은 마음을 제때 돌보지 못하면 시간이 지날수록 나를 더욱 괴롭힌다

따라서 상황을 받아들이고 감정과 마주하는 용기가 있어야 상처를 치유하고 다시 건강한 관계를 맺을 수 있다는 걸 기억해야 해.

배신감을 극복하는 건강한 방법

감정이 조금 가라앉으면 문제 상황을 제대로 파악해 보자. 첫째, 배신당했다고 느낀 순간을 떠올리며 상대방의 입장을 헤아려 보는 거야.

>> 친구가 나에게 일부러 상처를 주려는 의도가 있었을까?
>> 오해할 만한 상황이 있었을까?
>> 혹시 친구가 실수한 건 아니었을까?

이렇게 하면, 감정이 부정적인 방향으로 흘러가는 걸 막을 수 있어.

둘째, 절대 자신을 탓하지 말기! 때로는 조롱당했다는 생각에 고운이처럼 자책할 수도 있어. 하지만 다른 사람의 잘못된 행동까지 내가 짊어질 필요는 없어. 특히 반복적으로 신뢰를 깨거나 부정적인 영향을 주는 사람은 거리를 둬야 해. 무심코 듣다 보면 자존감이 깎이고, 또다시 상처받을 수 있으니까.

셋째, 충분히 회복할 시간 갖기! 이미 일어난 일을 반복해서 후회하다 보면 회복이 더 늦어져. 친구와 대화해 보거나, 아직 준비되지 않았다면 내 마음을 돌보는 충분한 시간을 가져 봐. 그런 다음에 대화를 나누면 도움이 될 거야.

배신감에 힘들 때, 스스로 질문하며 내 감정을 정리해 보는 시간은 회복에 꼭 필요하다

마음 활동
갈등 해결 카드 만들기

이 연습을 자주 하면 오해 생기는 일이 줄어들 거야.

실망한 마음을 표현할 땐 기분 내키는 대로 퉁명스럽게 굴거나, 상대에게 감정을 폭탄처럼 던져 버리는 행동은 하지 않는 게 좋아. 세 가지 규칙에 따라 갈등 상황을 해결하는 방법을 써 보자!

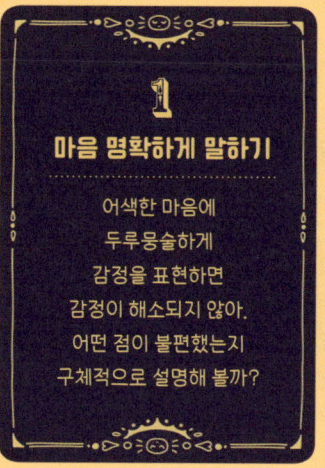

1. 마음 명확하게 말하기

어색한 마음에 두루뭉술하게 감정을 표현하면 감정이 해소되지 않아. 어떤 점이 불편했는지 구체적으로 설명해 볼까?

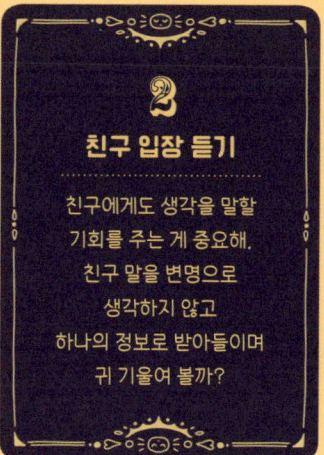

2. 친구 입장 듣기

친구에게도 생각을 말할 기회를 주는 게 중요해. 친구 말을 변명으로 생각하지 않고 하나의 정보로 받아들이며 귀 기울여 볼까?

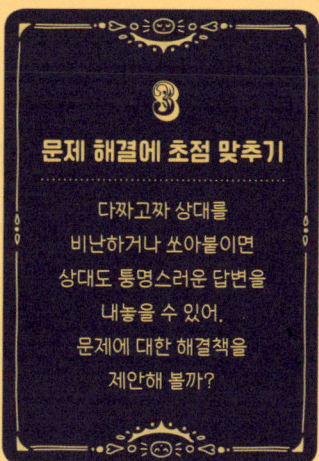

3. 문제 해결에 초점 맞추기

다짜고짜 상대를 비난하거나 쏘아붙이면 상대도 퉁명스러운 답변을 내놓을 수 있어. 문제에 대한 해결책을 제안해 볼까?

해결 1

해결 2

해결 3

의존 욕구

11
혼자 결정하기는 싫어

 **마음 이야기** **한결이는 따라쟁이**

"우리 이번엔 울트라 드롭 탈까? 최근에 새로 생긴 거래!"
"한결이 표정이 안 좋은데? 괜찮아?"
"응, 나는 다 좋아."
"싫을 리가 없지! 한결이는 우리가 하자고 하는 거 다 좋다고 하잖아! 그치?"
"응응……. 그럼……."

엉엉. 말은 이렇게 했지만, 사실 나는 놀이공원을 좋아하지 않아.

그런데 왜 왔냐고? 친구들이 가자고 해서 그냥 따라온 거야. 나는 원래 친구들의 결정을 따르는 게 편하더라고. 어디 가자고 제안했다가 친구들이 싫어하면 나도 실망스럽고, 내 탓으로 생각되기도 하잖아.

그렇다고 해서 아주 싫은데 억지로 온 건 아니야. 친구들이랑 뭔가를 함께한다는 건 언제나 즐거운 일이니까.

사실 이건 비밀인데……, 지난번 축구 리그에 나간 것도 마찬가지야. 친구들이 모두 한다고 하니까 그냥 따라 한 거거든.

우리 형은 이런 나를 보고 '따라쟁이'라고 부르기도 해. 형이 뭔가를 하거나, 먹자고 했을 때 난 그냥 형 따라 하겠다고, 난 다 좋다고 자주 말해서 그런가? 처음엔 그러려니 했는데 자꾸 듣다 보니 정말 혼자서는 뭘 못 하겠는 거야. 그런데 가끔은 이런 내가 좀 답답하고 한심하게 느껴질 때도 있어. 이를테면 오늘 같은 날이지. 사실 오늘은 좀 쉬고 싶었는데…….

아무튼, 친구들의 말이 틀린 건 아니지만, 직접 듣고 나니 기분이 이상했어. 사실 나는 내가 뭘 좋아하는지도 잘 모르겠어. 다들 어떻게 자기가 좋아하는 걸 그렇게 잘 알고 혼자서도 척척 결정할까? 나는 그냥 누군가 대신 정해 줬으면 좋겠는데.

 ## 서로에게 힘이 되는 게 진짜 건강한 관계야

한결이는 놀이공원 방문과 축구 참여, 메뉴 선택까지 스스로 선택하기보다는 주변의 결정에 휩쓸리는 경우가 많아. 이런 모습은 왜 자주 나타나는 걸까? 바로 혼자 결정하기 어렵거나, 책임지는 게 부담되어 누군가에게 기대고 싶은 '의존 욕구'가 툭 하고 튀어나와서 그런 거야.

건강한 '상호 의존' 관계

사람은 누구나 주변에 의지하려는 마음이 있어. 아주 오래전부터 함께 생활하는 게 더 안전하고 유리하다는 걸 깨달았기 때문이야.

건강한 상호 의존 관계를 통해 우리는 상대를 존중하고 신뢰하는 법을 배워.

먹을 것을 사냥하던 시절, 혼자서만 살아가는 건 거의 불가능했어. 그래서 사람들은 공동체를 이루어 서로 돕고 지혜를 나누며 생존 가능성을 높였지.

지금도 우리는 서로의 경험을 나누고, 조언을 주고받으며 함께 살아가.

서로에게 좋지 않은 '과한 의존' 관계

하지만 의존은 한쪽이 다른 한쪽에 지나치게 기대는 형태로 더 많이 나타나. 누군가에게 의존하고 싶어지는 이유는 보호받고 싶은 욕구나 자신감 부족에서 비롯돼. 스스로 선택하거나 행동하는 것이 부담스럽고, 곁에 누군가 있어야 안정감을 느끼기 때문이야. 자신의 선택을 믿을 수 없으니 타인의 결정을 따르는 걸 더 편하게 여기는 거지.

다른 사람과의 갈등을 피하려는 마음에 자기 선택을 포기하는 경우도 많아. 물론 상대방의 의견을 듣는 것은 꼭 필요한 일이지만, <mark>의존 욕구가 너무 강하면 관계에 집착할 수도 있고, 한결이처럼 자기 주장을 전혀 못하게 되어 원치 않는 일까지 하게 될 수 있어.</mark>

친구와 함께 산을 오른다고 생각해 봐. 어디로 갈지 의논하고, 가파른 길을 오를 때는 서로 도우며 격려하는 것은 건강한 관계야. 하지만 만약 한 사람이 계속 친구에게 어디로 갈지, 어떻게 갈지 물어보기만 하고 스스로 준비하거나 결정하지 않는다면 어떻게 될까? 나중에 그 사람은 혼자서는 어떤 길로 가야 할지 몰라서 결국 한 발자국도 나아가기 힘들 거야.

게다가 친구에게 과하게 의존하면 관계에 균열이 생길 수 있어. 한쪽이 부담을 느끼면 불만과 실망이 쌓이게 되거든. 서로에게 버팀목이 되려면 <mark>스스로를 챙기고, 내가 상대에게 의지하는 만큼 나 또한 상대에게 힘이 되어 줄 수 있어야 해.</mark>

자기 효능감 점검하기

혹시 지금 내가 친구에게 지나치게 의존하고 있는지 궁금하다면 자기 효능감을 점검해 보는 게 좋아. 자기 효능감은 '나 스스로 해낼 수 있다.'는 믿음이야. '혼자 할 수 있는 일'과 '친구나 가족 없이 시도하기엔 부담스럽고 어렵게 느껴지는 일'을 생각해 보는 거야.

만약 혼자 해결할 수 있는 일이 적다면, 스스로 판단하고 행동하는 경험을 조금씩 늘려 나가 보자. 먹고 싶은 메뉴를 정하는 것 같은 작은 선택부터 해 봐도 좋아.

이런 경험이 쌓일수록 자신감이 생기고, 내 판단을 믿게 돼. 그리고 결정을 내리기 전에 잠깐 생각하는 시간을 두면 내가 왜 그렇게 하고 싶은지 이유도 알게 될 거야.

내가 정말 좋아하는 것이 무엇인지, 친구와 모든 걸 함께하고 싶은 마음에 친구가 원하는 걸 무턱대고 수락하는 건 아닌지 돌아보자! 스스로 판단하고, 때론 "이건 내 생각이야."라고 말할 수 있을 때 비로소 건강한 관계를 만들 수 있어. 함께할 건 함께하고 따로 할 건 따로 하는 것, '따로 또 같이'를 실천하며 조금씩 성장하는 친구들을 응원해!

 ## 혼자서도 잘하기 챌린지

이런 활동을 통해 자기 효능감을 느낄 수 있어.

함께하지 않아도 되는 일까지 '바늘과 실'처럼 늘 함께하는 친구가 있다면, 이제 혼자서도 해 볼 용기를 가져 보자! 친구와 자주 함께하는 일과 그 이유를 떠올려 보고, 혼자서도 해 볼 방법을 적어 볼래?

친구와 함께하는 일	친구와 함께하는 이유	혼자서 해 보는 방법

열등감·질투심

12
내가 제일 못생긴 것 같아

 **마음이야기** **울퉁불퉁 못난이 별에서 온 장예민**

쳇! 여기도 못났고, 여기도 못났네.

코는 왜 이렇게 낮고, 눈은 또 왜 이렇게 좁쌀만 한 거람? 요즘 들어 부쩍 못나 보이는 건 기분 탓일까, 아니면 날씨 때문일까? 둘 다 아니라면 혹시 내가 정말 못났기 때문은 아닐까?! 거울을 한참 들여다보고 있으면 거울 속 내가 이렇게 대답하는 것만 같아.

"삐빅! 정답입니다~."

농담이 아니라 요즘 별스타그램 속 사람들을 보면 나만 빼고 정말 다들 엄청 예쁜 것 같아. 어쩜 저렇게 눈은 왕방울만 하고 얼굴은 주먹만 할까? 팔다리는 젓가락처럼 길쭉길쭉한 게, 같은 행성에서 나와 똑같은 걸 먹고 자란 사람이라는 게 도저히 믿기지 않아! 같은 초등학생인데도 말이지.

"너무 예뻐!", "어떻게 이렇게 귀여워?" 같은 말들이 한가득이야. 부럽기도 하고, 솔직히 좀 얄밉기도 해.

물론 우리 엄마, 아빠는 이런 나를 보고도 항상 예쁘다고 얘기하지만, 어떨 땐 그런 말이 나를 더 화나게 만들어. 대체 나의 어느 부분이 예쁘다는 거야? 누가 봐도 '울퉁불퉁 못난이 별'에서 온 외계인 같은데 말이야. 흥!

누구나 다른 사람을 보며 부러워해

예민이는 거울에 비친 자신의 모습이 마음에 들지 않나 봐. 특히 다른 사람들과 비교하면서 자신의 외모에 대한 불만이 더욱 커졌어. 예민이가 느낀 이 감정은 누구나 한 번쯤은 경험해 봤을 법한 익숙한 감정이지? 나와 다른 사람을 비교할 때면 어김없이 불쑥 나타나는 이 감정은 바로 열등감과 질투심이야.

열등감과 질투심

열등감은 '나는 부족해.'라고 느끼는 감정이야. 친구는 예뻐 보이는데 나만 못생겨 보일 때, 혹은 반 친구들은 다 달리기를 잘하는데 나만 느려 보일 때처럼 말이야. 스스로를 부족하다고 느끼면 마음이 위축되고 자신감이 줄어들 수 있어.

열등감이 '나는 부족해.'라는 감정이라면, 질투심은 '쟤는 왜 저렇게 잘났지?' 또는 '나도 저걸 갖고 싶어.' 같은 감정이야. 내가 갖고 싶은 게임기를 친구가 가졌을 때 부럽거나, 시험에서 친구는 높은 점수를 받고 나는 낮을 때 '쟤는 왜 저렇게 잘하지?'라는 속상한 마음이 드는 거지.

	열등감	질투심
감정	자신이 부족하다고 느낌	다른 사람이 가진 것을 부러워하며, 그것을 갖고 싶어 하는 마음
원인	자신의 단점, 부족함	다른 사람이 가진 것과 비교
행동 반응	나를 깎아내리거나 회피함	상대를 깎아내리거나 빼앗고 싶어 함

열등감이 심해지면 질투심으로 이어지기도 하고, 반대로 질투심이 커지면 다시 열등감으로 돌아오기도 해.

열등감과 질투심이 적당하면 "나도 더 잘하고 싶어!"라는 동기가 될 수 있어. 하지만 열등감이 지나치면 자신감을 잃고 포기하게 되고, 질투심이 커지면 자꾸 비교하게 되어 친구를 미워하거나 험담하게 될 수 있어.

다른 사람의 좋은 순간만을 보며 하는 착각

열등감과 질투심은 다양한 상황에서 생겨나. 예민이처럼 외모를 비교하며 느낄 수도 있고 성적, 재능, 친구 관계, 가정 환경 등에서 자극받기도 하지. 하지만 놀라운 점은 완벽해 보이는 사람도 다른 누군가를 부러워한다는 거야.

자신에게 부족한 것을 다른 사람이 가졌으면 사람은 누구나 열등감이나 질투심을 느낀다

열등감과 질투심은 상대적인 감정이라 내가 가진 것보다 가지지 못한 것에 더 집중하게 만들지. 특히 소셜 미디어에서는 자신의 가장 좋은 순간만 보여 줄 수 있기 때문에, 다른 사람들은 나보다 훨씬 잘 지내는 것처럼 보일 수 있어. 하지만 보이는 게 전부는 아니야! 소셜 미디어 속 모습만으로 다른 사람과 자신의 삶을 비교하지 않는 게 중요해.

객관적으로 바라보고 나에게 집중하기

혹시 누군가를 부러워하고, 롤 모델*로 삼는 것을 넘어 열등감과 질투심으로까지 이어진다면 주관적인 느낌 대신 객관적인 수치를 살펴보는 게 좋아. 달리기를 잘하는 친구를 보며 기죽기보다는 내 기록과 또래의 평균 기록을 살펴보는 거야.

시험 점수를 비교할 땐 친구와 직접 비교하지 말고 반 평균과 내 과거 점수를 보거나, 발표를 잘하는 친구를 부러워할 땐 그 친구가 발표 연습을 몇 번이나 했는지, 나보다 발표 횟수가 많은 건 아닌지 객관적으로 바라봐. 그러면 생각이 달라지고, 오히려 동기 부여가 될 거야.

또한 자신의 장점을 찾고 스스로를 칭찬하는 노력도 필요해. 타인보다는 자신에게 집중하고, 단점보다는 장점에 주목하면 열등감과 질투심의 바다에서 빠져나오는 데 도움이 될 거야.

부족한 점은 조금씩 채워 나간다는 마음을 갖고, '어제보다 한 뼘 더 성장한 나'를 목표로 할 발자국씩 앞으로 나아가 보자!

롤 모델 할 일이나 임무 등에서 본받을 만하거나 모범이 되는 대상

나만의 장점 색칠하기

숨겨진 나의 강점이 알록달록해지도록 칠해 봐!

'나는 잘하는 게 하나도 없다.'고 생각하니? 하지만 누구나 장점을 가지고 있어! 아래 장점들을 살펴보고 내 장점이라고 생각하는 카드에 색칠해 보자.

- 용감하다
- 열정적이다
- 진실되다
- 끈기가 있다
- 호기심이 많다
- 창의적이다
- 다정하다
- 귀엽다
- 자비롭다
- 협동심이 강하다
- 공정하다
- 학구열이 높다
- 관찰력이 있다
- 겸손하다
- 신중하다
- 리더십이 있다
- 책임감이 강하다
- 유머러스하다
- 감사할 줄 안다
- 밝다
- 상상력이 풍부하다
- 사회성이 높다
- 배려심이 많다
- 친절하다

13
나와 닮은 네가 싫어

 **다정이와 다빈이는 닮았어**

"아니 근데 걔 목소리도 너무 크고, 나대는 것 같지 않아? 반장이라고 우리들한테 괜히 주목받으려고 하는 것 같다니까!"

악! 친구들이랑 아이스크림을 먹다가 결국 말하고 말았어! 그러니까, 우리 반 반장 다빈이 이야기야. 다빈이는 학기 초부터 어딘가 묘하게 거슬리는 구석이 있는 친구였어. 지금도 왜 그런지는 잘 모르겠는데, 항상 내 주위를 맴돌며 조금씩 나를 자극하는 느낌이랄까?

그런데 우연히 다빈이 얘기가 나오자 그만 마음의 소리가 툭 튀어나왔지 뭐야. 갑자기 반장 험담을 한 것 같아 찜찜했는데, 친구들이 이런 말을 하는 거야!

"다빈이도 외향적이고 주목받는 거 좋아하긴 하지."

"맞아. 그래서 난 처음엔 네가 다빈이랑 잘 맞을 줄 알았는데?"

'맙소사! 이게 무슨 소리야?'

집에 와서 곰곰이 생각해 봤는데도 영 찜찜한 거야. 내가 여기저기 아무 때나 끼어들고 나대기 좋아하는 다빈이랑 닮았다니, 말도 안 되잖아! 절대 인정할 수 없어. 아무리 생각해도 친구들이 오해한 거겠지? 그럴 리가 없어……. 그리고 무엇보다 난 그냥 친구들이랑 노는 게 좋은 거지, 다빈이처럼 주목받고 싶어 하는 '관심 종자'가 아니라고!

 **마음 진단**

상대방한테서 내 모습이 보이면 불편할 때가 있어

> 다정이는 얄밉다고 생각한 반장이 자기와 닮았다는 말에 깜짝 놀랐어. 나와 닮은 사람을 거부하고 미워하는 '투사'라는 감정을 처음 마주하며 혼란스러워했지. 혹시 별다른 이유 없이 누군가가 유난히 밉다면, 그게 마치 거울처럼 내 안의 모습을 비춰서 그런 건 아닌지 하고 한번 생각해 봐.

내 감정을 비추는 거울 같은 투사

투사는 자신의 감정이나 욕구를 다른 사람에게 떠넘기는 자기방어 기제 중 하나야. 자신의 감정이나 생각을 인정하기 어려울 때 자주 나타나. 누군가를 질투하면서도 "저 사람이 나를 질투하는 것 같아."라고 생각하는 것처럼, 자신의 부정적인 감정을 받아들이기 힘드니까 다른 사람에게 떠넘기는 거지. 다정이도 이런 경험을 했어. 반장이 된 다빈이가 주목받자 질투가 났지만, 인정하기 어려워 "쟤는 왜 저렇게 나대는 거야?"라며 다빈이에게 화살을 돌렸어. 하지만 사실은 자신이 더 주목받고 싶다는 감정을 외면하려는 투사였던 거야.

즉, 내가 인정하고 싶지 않은 감정이나 특성이 있어. 그런데 비슷한 특성을 가진 사람을 보면 불편함을 느껴. 이때 나

심리학에서는 타인은 나를 비추는 거울과 같다고 한다

를 돌아보는 대신, 그 사람을 비판하며 감정을 해소하는 거야. 마치 거울을 보고 불만을 털어놓는 것처럼 말이야.

책임을 회피하려는 투사

투사는 자신의 결점이나 실수를 인정하기 어려울 때도 나타나. 실수를 했거나 어떤 일을 제대로 하지 못했을 때 이를 받아들이기 힘들면 "다 너 때문이야.", "여건이 안 됐어."라고 변명하며 항상 다른 사람이나 상황을 탓하게 되지.

조별 과제 점수가 기대보다 낮을 때, 내 부족함이 크면 클수록 오히려 함께한 친구를 더 강하게 비판하는 경우가 있어. 스스로에 대한 실망감을 상대에게 떠넘기는 거지.

누군가에게 잘못했을 때, 상대가 괜찮다고 하는데 계속해서 사과하는 것도 투사일 수 있어. "너 화났지? 표정이 안 좋은데?", "괜찮다고 하지만 아직 화난 것 같은데? 이제 그만 화 풀어." 이런 말들처럼 말이야.

사실은 친구가 아니라, 내가 그 상황이면 정말 화났을 것 같아서 친구도 그럴 거라고 판단하는 거지.

투사라는 거울을 들여다보는 방법

투사가 일어나 누군가에게 화가 나고, 불만이 생길 때는 스스로에게 먼저 이렇게 물어보면 좋아.

>> 이게 이렇게까지 과하게 화날 일일까?
>> 혹시 내 안에 있는 어떤 불만이나 불편함을 해소하기 위해 화내는 건 아닐까?
>> 상대가 나에게 한 행동이 정말 잘못된 걸까, 아니면 내가 예민하게 받아들이는 걸까?
>> 내가 지금 이 감정이나 생각을 인정하기 어려워서 상대를 탓하고 있는 건 아닐까?

여유를 갖고 나를 돌아보며 객관적으로 판단해 보는 거야.

물론, 오랜 습관처럼 지속된 투사를 당장 멈추는 건 쉽지 않아. 하지만 내가 유독 예민하게 반응하는 상황이나 대상이 있다면, 혹시 거기서 거울에 비친 내 모습을 발견한 건 아닌지 돌아볼 필요가 있어.

 **거울 속 나에게 말하기**

얄밉거나 이상하다고 느낀 친구를 내 거울이라고 생각해 봐. 그 친구의 행동을 보며 어떤 생각이 들었는지, 친구가 '거울 속 나'라고 생각하며, 하고 싶은 말을 써 볼까?

친구의 행동

처음 든 생각

친구는 왜 그런 행동을 할까?

'거울 속 나'라면 해 주고 싶은 말

> 우리는 알게 모르게 투사를 많이 하고 있어.

마음을 건강하게 가꾸고 더 나은 나를 만드는 데
필요한 태도와 능력을 담았어요.
마음을 단단하게 만들려면 자존감, 용기,
공감, 회복 탄력성 같은 심리적 힘이 필요해요.
이 과정을 통해 자신을 긍정적으로 바라보고,
다른 사람과 건강한 관계를 맺는 법을 배워요.

14
이런 내가 좋아

 **한결이의 제안**

 미술 전시를 보러 가자는 말이 끝나자 친구들이 동시에 나를 바라봤어. 꼭 하늘에서 뚝 떨어진 외계인을 보는 표정 같았지.
 꼴깍. 침을 삼키는 순간, 다정이가 놀란 듯 말했어.
 "와, 한결이가 뭔가 하고 싶다고 말한 건 처음 아니야?"
 그러고는 머뭇거리며 덧붙였어.
 "음……. 그런데 좀 따분할 것 같긴 한데……."

이런 제안을 한 건 얼마 전 놀이공원에서 있었던 사건(?) 때문이야. 매번 "난 뭐든 좋아."라고만 하던 내가 너무 싫고 답답해졌거든.

내가 처음부터 이런 건 아니었어. 예전에 가족 여행을 가면서 바닷가 대신 산에 가고 싶다고 한 적이 있었는데, 그때 부모님이 "한결아, 다 같이 즐거운 곳으로 가야지."라고 하셨지. 그 뒤로 나는 자연스럽게 남들에게 맞추는 게 습관이 됐어. 그래야 모두가 편해 보였으니까.

그런데 다정이의 말을 듣고 순간 움츠러들 뻔했어. '역시 말하지 말걸 그랬나?' 하는 생각이 스쳤거든. 하지만 이번엔 그냥 넘어가지 않기로 했어. 나는 숨을 깊이 들이마시고, 천천히 말했어.

"미술관에 가면 기분이 차분해지고, 그림 속 세상에 들어간 것 같거든. 그래서 너희랑 가면 좋겠다고 생각했는데, 싫으면 괜찮아!"

그때 예민이가 환하게 웃으며 말했어.

"한결이가 그림 좋아하니까 같이 가 보면 좋을 것 같은데?"

진솔이도 고개를 끄덕이며 좋다고 했어.

나는 놀랐어. 친구들이 내 관심사를 기억하고 있었다니. 그리고 깨달았지. 내 의견이 바로 받아들여지지 않아도 의견을 말한 것 자체가 의미 있다는 걸.

그날 밤, 나는 생각했어. '내가 하고 싶은 걸 모두가 좋아할 필요는 없어. 내 생각이 중요하지. 그리고 망설이는 나도, 그냥 나대로 괜찮아.'

그 순간, 마음속에서 작은 스위치가 '딸깍' 켜지는 기분이었어.

예전엔 내가 싫었는데 오늘부턴 좀 좋아할래.

마음 진단 : 나를 있는 그대로 받아들이면 내가 점점 좋아져

> 한결이는 그동안 자신을 부정적으로 생각하고, 자기 마음에 확신이 없어 목소리 내기를 어려워했어. 항상 '나는 뭘 좋아하지?'라는 고민만 하던 한결이가 처음으로 "좋아하는 전시에 같이 가고 싶어."라고 자기 마음을 인정하고 표현했을 때, 드디어 한결이 마음속에서 '자기애'라는 불빛이 켜졌어!

자기애라는 마음 근육

단단한 나를 만들려면 '자기애'라는 마음 근육을 키워야 해. 건축의 기초 공사 같은 거지. 자신을 사랑하고, 중요한 존재로 여기며 나를 있는 그대로 인정하는 마음이야. 한결이가 "내 의견도 중요해.", "나대로 괜찮아."라고 인정하는 순간, 자기애가 피어난 거야.

우리는 스스로에 대해 좋아하는 면도 있지만, 부끄럽거나 싫어하는 면도 있어. 한결이도 자신의 소심함과 의존성을 답답해했지만 그런 마음이 잘못된 건 아니야. 중요한 건, 나의 부족한 부분을 나의 일부라고 인정하면서, 좋은 면도 있다는 걸 아는 거지. 이렇게 생각하는 거야.

>> 나는 소심하지만, 의견을 말하려고 노력해.
>> 나도 부족한 점이 있지만, 그게 나를 나답게 만들어 줘.

우리는 착하기도 하지만 화낼 때도 있으며, 용감하지만 비겁할 수도 있어. 이 모든 나를 받아들이는 것이 '건강한 자기애'야.

나에 대한 사랑이 너무 과하면 어떻게 될까?

자기애는 단순히 "나는 최고야!"라고 믿는 것과는 달라. 언뜻 보기에는 마냥 긍정적이기만 한 이런 마음에도 조심할 게 있어. 스스로를 사랑하는 마음이 너무 크면 어떻게 될까? 그리스 신화 속 나르키소스 이야기 한번 들어 볼래?

나르키소스 신화는 지나친 자기애가 독이 될 수 있다는 교훈을 준다

지나친 자기애를 가진 사람은 세상에서 자신이 가장 중요한 존재를 넘어 '우월한 존재'라고 생각해. 그래서 주변 사람은 고려하지 않고 자기 중심적인 행동을 하기 쉬워. 자신이 틀릴 수도 있다는 것을 인정하지 않아 다른 사람과 갈등을 만들기도 하지. 또 노력하지는 않으면서 자신은 무엇이든 잘할 거라는 근거 없는 자신감에 빠지기도 해.

'건강한 자기애'를 위해서는 자신을 인정하면서, 객관적으로도 바라볼 수 있는 시선이 꼭 필요해. 주변의 조언을 받아들이는 열린 마음도 있어야 하지.

 **강화 구슬로 '바라는 나' 만들기**

싫거나 부족한 '지금의 나'를 잘 알고, 되고 싶은 모습을 인지하며 꾸준히 노력하는 것이 건강한 자기애의 필수 조건이야. '지금의 나'와 '바라는 나', 그리고 그 사이에서 할 수 있는 노력을 써 보자!

지금의 나	강화 구슬	바라는 나
처음 만나는 사람들 앞에서 부끄러우면 엄마 등 뒤에 숨어요.	거울 보며 인사 연습하기 *내가 할 노력*	"안녕하세요." 하고 밝게 인사를 해요.
	 *내가 할 노력*	
	 *내가 할 노력*	

> 지금의 나, 바라는 나의 간격을 좁히는 노력은 나 자신을 더 사랑하는 일이야!

지금의 나	강화 구슬	바라는 나
	 내가 할 노력	
	 내가 할 노력	
	 내가 할 노력	

103

15 스스로 뿌듯하면 나는 더 단단해져

마음이야기 예민이의 즐거운 도전

"음~ 파~. 음~ 파~! 나, 장예민! 우리 동네 최고의 돌고래가 될 테다!"

물만 보면 몸이 꼭 돌덩이처럼 굳던 내가 수영을 이렇게 열심히 다니게 될 줄이야! 언젠가 엄마, 아빠가 크게 다툰 다음 날, 우연히 학교에서 수영 수업을 했는데 물에 들어가는 순간 복잡한 마음이 싹 사라지더라고! 그래서 그날부터 수영을 배우고 있어.

아직 물이 조금 무섭긴 하지만, 거의 매일 연습하는 내 모습이 대견

해. 물론 지금은 킥 판을 꼭 붙잡고 발차기만 하고 있지만!

사실 나 빼고 같이 수영을 배우던 친구들은 벌써 '기초 돌고래 반'으로 올라갔어.

그런데 정말 이상하지? 예전 같았으면 '나는 왜 아직 '아기 돌고래 반'에 머물러 있을까?' 하며 한껏 움츠러들고 속상해했을 텐데, 요즘에는 전혀 그런 기분이 들지 않아. 나는 내 속도로 배우고 있고, 매일 조금씩 성장하고 있으니까.

오히려 지금 나의 진도대로 연습하는 게 즐겁달까? 물속에서 숨 쉬는 법도 훨씬 편해졌고, 발차기도 점점 익숙해지고 있거든. 이렇게 조금씩 나아지는 걸 보니까, '아! 나도 노력하면 할 수 있겠구나!' 하는 생각이 들었어.

뭐 언젠가는 '고급 돌고래 반' 언니, 오빠들처럼 멋지게 수영하는 날이 오지 않겠어? 아니면 돌고래와 같이 수영할 수도! 크크.

그동안 나는 사람들에게 칭찬을 받을 때만 기분이 좋았고, 내가 의미 있는 존재라고 느꼈어.

그런데 지금은 남들이 뭐라고 하든, 그냥 물에 들어가서 연습하는 것만으로도 기분이 좋고 신나!

누가 뭐라고 하지 않아도 내 머리를 스스로 쓰담쓰담해 주고 싶고, 내 어깨도 토닥토닥해 주고 싶어. 이 마음, 혹시 알아?

마음 진단 — **나는 가치 있는 사람이고 무엇이든 해낼 수 있어**

> 예민이는 수영을 배우면서 조금씩 성장하는 기쁨에 대해 알아 가고 있는 중이야. 내가 얼마나 발전하고 있는지에 집중하면서 지금까지는 느끼지 못했던 성취감에 눈을 뜨기 시작한 거지. 이렇게 무언가 해내기 위해 열심히 노력하는 과정을 통해 우리는 자신을 존중하는 마음인 '자존감'을 키울 수 있어.

자기애와 자존감

자기애가 나를 있는 그대로 인정하고 사랑하는 마음이라면, 자존감은 자기애를 바탕으로 스스로 더욱 단단해지는 마음이야. "나는 가치 있는 존재이고, 열심히 한 만큼 성장할 수 있어!"라고 스스로를 존중하고 믿는 거지. 자존감이 높은 사람은 삶에서 마주하는 어려움을 이겨 낼 수 있다는 믿음과 실패해도 다시 도전할 용기가 있어. "아! 나도 노력하면 할 수 있겠구나." 이렇게 생각하는 순간, 예민이는 자기애를 넘어 자존감을 키워 가고 있는 거야.

즉, 자기애는 기초 공사, 자존감은 그 위에 쌓아 올리는 건물이라고 할 수 있어. 나를 사랑하는 마음(자기애)과 함께, 자신의 가치에 대한 믿음(자존감)을 가질 때, 우리는 어떤 어려움이 와도 흔들리지 않는 단단한 나를 만들 수 있어!

	건강한 자기애	자존감
느끼는 감정	나를 있는 그대로 인정하거나 사랑하는 마음	내 가치를 알고 노력한 만큼 해낼 수 있다고 믿는 마음
특징	자기의 부족한 점도 받아들임	실패해도 다시 도전할 용기를 가짐
부족할 때	자기를 낮추거나 자책함	다른 사람의 평가에 쉽게 흔들림
과할 때	자기 중심적, 다른 사람에게 배려 없음, 근거 없는 자신감에 빠질 수 있음	

자존감을 느끼는 순간은 언제일까?

내가 자랑스럽게 느껴졌던 순간을 한번 떠올려 볼까?

>> 운동 경기에서 이겼을 때? >> 대회에서 상을 받았을 때? >> 어른들에게 착한 일로 칭찬을 받았을 때? >> 게임 속 캐릭터 레벨이 올라 친구들이 부러워했을 때?

이처럼 우리는 다른 누군가로부터 인정받을 때 자신이 가치 있는 존재라고 생각하는 경우가 많아. 하지만 가장 강하고 오래 지속되는 자존감은 타인의 관심이나 인정이 아니라, 스스로를 신뢰하는 마음에서 생겨나.

외적 인정보다는 내적 인정!

소셜 미디어에서 '좋아요.'를 많이 받거나 희소한 신상 장난감을 구해서 친구들의 부러움을 한 몸에 받는 것은 '외적 인정'이야. 다른 사람에게 받는 인정이라는 의미야. 주변 사람들에게 받는 이러한 긍정적인 관심은 분명 우리를 행복하게 만들어 줘.

하지만 외적 인정에 의한 행복은 다른 사람의 생각에 크게 영향을 받기 때문에 오래 지속되지는 않아. 다른 사람의 기대에 맞추려는 부담이 생기고, 다음에도 같은 결과를 내야 한다는 압박이 불안감으로 이어질 수 있거든. 그러다 보면 결국 내가 진짜 원하는 것이 무엇인지 헷갈리게 돼. 그래서 외적 인정에만 의존한 자존감을 '가짜 자존감'이라고도 불러.

외적 인정에만 의지하면 다른 사람의 반응에 따라 자존감이 흔들릴 수 있다

반면에 '내적 인정'은 자신이 새로운 것을 익히고 실력을 높이기 위해 노력한 그 자체를 자랑스럽게 여기는 것을 의미해. 남이 어떻게 보든, 어떤 성적을 거두든 흔들리지 않고, "나는 노력했고, 열심히 한 시간을 믿어!"라고 말할 수 있는 거지.

내적 인정에 의한 행복은 다른 사람의 인정이 아니라, 나만의 성취와 성장에서 비롯돼. 내가 얼마나 성장했는지, 여기서 무엇을 배웠는지에 집중한다면 어떤 상황에서도 '작은 성취'와 '진짜 행복'을 발견할 수 있을 거야. 이게 바로 '진짜 자존감'이야.

 **마음 활동**

외적 인정 VS 내적 인정

내가 뿌듯하면 그게 진짜 자존감이야!

일상에서 마주하는 다양한 상황을 보고 '외적 인정'인지, '내적 인정'인지 구분하여 O표 해 봐. 하나하나 곰곰이 생각하다 보면 내적 인정과 외적 인정 중 내가 어디에 더 의지하고 있는지 알 수 있어.

외적 인정	상황	내적 인정
	시험에서 높은 점수를 받아 부러움을 샀을 때	
	게임에서 이겨 주목받았을 때	
	처음보는 문제 유형을 풀었을 때	
	이해 안 되던 내용이 이해됐을 때	
	쉬는 시간에 친구들이 나를 찾을 때	
	스스로 좋은 친구라고 느낄 때	
	동생에게 멋지다는 말을 들었을 때	
	선생님이 잘했다고 칭찬할 때	

용기

16
두렵지만 해내고 싶어

마음이야기 다정이의 실수

 그러니까 이 사건은 언니가 아끼는 치마를 내가 몰래 입고 나간 일로 시작되었어. 나도 내가 잘못했다는 건 잘 알고 있어. 하지만 아무리 그래도 그렇지, 하나뿐인 동생에게 이렇게까지 화를 낼 건 없잖아? 나는 순간 발끈해서 언니에게 이렇게 소리치고 말았어.

 "아니, 내가 일부러 찢은 것도 아닌데 뭘 그렇게 화내고 그래! 언니도 내 물건 빌려 간 적 많잖아! 나도 짜증 난 적 있거든? 언니만 손해 본 척하지 마!"

언니는 나를 한참 노려보다가 방으로 휙 하고 들어가 버렸어. 순간 분위기가 남극처럼 꽁꽁 얼어붙고 말았지. 음, 그 말은 하지 말았어야 했나? 그래도 엄마가 새 치마를 사 준다고 했으니 오히려 좋은 거 아니냐고…….

흥! 내가 언니 방을 힐끔거리면서 한숨만 푹푹 쉬고 있으니 엄마가 살며시 내 곁에 다가와 이렇게 말했어.

"다정이가 언니한테 먼저 사과하는 게 어때?"

"엄마는 잘못을 인정하고 사과하는 것만큼 용기 있는 일은 없다고 생각하는데?"

엥? 잘못을 인정하고 사과하는 게 용기 있는 일이라고? 처음 듣는 이야긴데……. 뭔가 알쏭달쏭한 말이긴 하지만, 아무튼 내가 잘못했으니 먼저 사과를 하는 게 맞겠지? 아……. 싫다! 몰라!

 **옳은 일을 선택하는 의지가 있어야 해**

언니의 치마를 몰래 입고 나간 다정이는 그만 실수로 치마를 찢고 말았어. 사과를 해야 하나, 말아야 하나 갈등하던 순간, 엄마가 다정이에게 건넨 말은 바로 '잘못을 인정하는 용기'였어. 용기란 그렇게 거창한 게 아니야. 그렇지만 많은 사람이 이것을 어려워해.

일상에도 용기가 필요해

용기란 두려워도 앞으로 나아가려는 마음이야. '겁이 없는 것'으로 오해할 수 있지만, 진정한 용기는 두려움이나 부끄러움을 느끼면서도 올바른 일을 하려는 의지에서 나와.

용기는 위인이나 영웅들의 위대한 행동 속에만 있는 것이 아니라, 우리의 작은 결정들 속에도 있어. 나를 지키는 일을 할 때, 도움을 청할 때, 관계를 정리할 때, 혹은 다정이처럼 잘못을 인정하고 사과할 때처럼 말이야.

자기주장을 할 용기

자기주장하기란 내 생각과 권리를 지키기 위해 당당하게 말하는 거야. "내 의견을 말하는 데 큰 용기가 필요할까?" 싶지만, 분위기에 휩쓸릴 땐 쉽지 않지. 친구가 누군가를 괴롭히자고 할 때 "싫어, 나는 안 할 거야."라고 말하는 게 진짜 용기야.

관계를 정리할 용기

관계에 마침표를 찍는 것도 큰 용기가 필요해. 모든 우정이 건강한 것은 아니야. 상대가 계속 나를 불편하게 하거나, 깎아내린다면 '나쁜 우정'이 아닌지 돌아볼 필요가 있어.

오랜 친구라면 끝맺기가 두려울 수 있지만 나를 지키기 위해 관계를 정리하는 용기도 필요하다는 사실!

잘못을 인정하고 사과할 용기

실수를 인정하고 사과하는 건 쉽지 않아. 인정하는 순간, 모두가 나를 탓할 것 같고, 때론 다정이처럼 괜히 진 것 같은 기분이 들 수도 있어.

하지만 사과는 내 행동에 책임을 지고, 상황을 바로잡으려는 용감한 선택이야. 상대가 사과를 받아 주지 않을 수도 있지만, 그건 그 사람의 선택이니 그럴 땐 거절을 받아들이는 용기도 함께 배워야 해. 그래도 진심으로 사과하면, 상대도 마음을 열고 관계가 더 좋아질 수 있어.

 **관계 용기 실행하기**

놓아 주는 편지 쓰기

건강하지 않은 관계임을 알면서도 끝맺기가 두려운 친구가 있니? 친구의 어떤 점이 나를 불편하게 하는지 적어 보고, 표현해도 변하지 않는다면 떠날 용기도 내 보자.

그 친구의 어떤 점이 나를 불편하게 하는지 떠올리고 용기 내 전달해 볼까?

친구의 행동이 바뀌지 않았다면, 민들레 씨앗을 불 듯 후~ 하고 불어서 친구를 보내 주자!

도움 요청 나무 만들기

힘든 일이 생겼을 때 도움받을 사람을 떠올려 보자! 도움을 구하는 것도 용기거든. '도움 요청 나무'를 만들어 누구에게 어떤 도움을 받을 수 있을지 적어 볼까?

회복 탄력성

17
실패해도 다시 일어날 수 있어

 **마음 이야기** '오뚝이' 최고운이 될 수 있을까?

나는 한 번 실패를 경험하면 거기서 빠져나오는 데 시간이 꽤 오래 걸리는 편인 것 같다. 다시 도전하기가 무섭고 의기소침해진다고 할까? 한편으로는 견딜 수 없을 정도로 분하기도 하다. 그럴 땐 다 필요 없고 그냥 아무도 없는 동굴에 들어가고 싶어진다. 악몽과도 같았던 지난 주말처럼 말이다.

지난주, 학원 대표로 참가한 피아노 대회에서 나는 예선 탈락하고 말았다. 정말 열심히 준비했는데, 너무 긴장한 탓일까?

피아노 의자에 앉는 순간 머릿속은 새하얘졌고 손가락은 로봇처럼 굳고 말았다. 함께 대회에 참가했다가 역시 예선에서 탈락한 학원 친구 원영이에게 나는 이렇게 말했다.

"아무리 노력해도 안 되는 게 있는 걸까? 나 아무래도 피아노랑 잘 안 맞는 것 같아."

"에이~. 오늘은 떨어졌지만 다음엔 붙을 수 있겠지!"

그러고는 원영이는 주먹을 불끈 쥐며 마라탕을 먹으러 가자고 했다.

"넌 아무렇지도 않아?" 나는 원영이를 보며 물었다.

"속상하지. 그런데 어쩌겠어. 실망하고 풀 죽어 있을 시간에 맛있는 거 먹고 잠이나 잘래! 그래야 다시 힘이 나지!"

가끔 보면 원영이 같은 친구들이 있다. 커다란 실패나 좌절을 맛본 이후에도 별일 아니라는 듯 툭툭 털고 일어나는 '오뚝이' 같은 사람 말이다. 위인전을 봐도 그렇다. 정말 다들 오뚝이처럼 잘도 일어난다. 실패는 성공의 어머니라나 뭐라나……. 할 수만 있다면 나도 그러고 싶은데, 나라는 오뚝이는 한 번 쓰러지면 도무지 일어날 생각을 하지 않는다. 어쩌면 좋을까?

 **마음 진단** ## 어려움을 잘 극복하는 힘이 있어

> 고운이는 친구와 함께 피아노 대회에 참가했다가 예선 탈락하고 말았어. 그런데 크게 좌절한 고운이와 달리 원영이는 대수롭지 않게 넘어가는 모습이야. 이런 생각의 차이는 '실패를 어떻게 받아들이는가'에 달려 있어. 실패를 딛고 한 걸음 더 나아가기 위해서 고운이는 '회복 탄력성'을 키울 필요가 있어.

회복 탄력성, 실패를 극복하는 힘

회복 탄력성이란 쭉 늘어났다 원래대로 돌아가는 고무줄처럼, 힘든 시기를 겪더라도 다시 일어설 수 있는 능력을 말해.

살다 보면 누구나 자신의 능력과 인내심의 한계에 부딪칠 때가 있어. 고운이처럼 기대했던 대회에서 탈락하거나, 시험을 망치거나, 친구와의 관계가 깨지는 일들처럼 말이야. 회복 탄력성이 높은 사람은 이런 어려움을 겪고도 다시 목표를 향해 나아갈 힘을 가져.

연구에 따르면, 회복 탄력성이 높은 사람은 정신이 건강하고, 목표 달성 확률과 행복감이 더 높다고 해. 힘든 상황에서도 긍정적인 마음을 유지하며, 변화와 스트레스에 잘 적응하기 때문이야.

성장형 사고방식의 중요성

사람의 사고방식*은 크게 '성장형'과 '고정형'으로 나뉘는데, 회복 탄력성을 키우려면 성장형 사고방식이 필요해. 성장형 사고방식을 가진 사람은 노력과 학습을 통해 계속 발전할 수 있다고 믿어.

반면, 고정형 사고방식을 가진 사람은 사람의 능력이 어느 정도 타고난 거라고 생각해. 이런 사람들은 아무리 노력해도 결과를 바꾸기 어렵다고 여기기 때문에 실패에서 쉽게 회복하지 못하고 포기하는 경우가 많아.

혹시라도 고정형 사고방식이 튀어나와 '나는 이게 한계야.'라는 생각이 들 때, 실패는 도전의 일부이며 우리는 계속 성장하고 있다는 사실을 떠올려 보면 어떨까? 그러면 실패는 좌절이 아니라, 보완할 점을 알려 주는 나침반처럼 느껴질 거야.

피아노 대회에서 실수했다면 "연습뿐만 아니라 무대 경험도 필요하겠구나." 하고 받아들이면 돼. 또, "이번 경험을 통해 보완할 점을 찾았으니, 다음엔 더 잘할 거야!"라고 생각하면 실패를 성장의 기회로 전환할 수 있어.

에디슨은 1,000번의 실패 끝에 전구를 발명했고, 방탄소년단(BTS)도 수많은 연습과 실패를 거쳐 세계적인 스타가 되었어. 그들처럼 실패를 성장의 기회로 삼는다면, 우리도 더 단단해질 수 있어!

사고방식 어떤 문제에 대해 생각하는 방법이나 태도

 **회복 근육이 자란 경험 쓰기**

누구나 실수하거나 실패할 때가 있어. 그럴 때 다시 일어났던 경험이 있다면 나의 회복 근육이 자란 거야! 힘들었던 경험과 그걸 어떻게 이겨 냈는지 너만의 회복 탄력성 이야기를 들려 줘!

예전에는 _____ 때문에 힘들었지만

그때는 _____ 라고 생각(또는 행동)했지만

내가 어떤 노력을 통해 어려움을 다시 극복했는지 차근차근 생각해 봐!

지금은 다시 .... 있게 되었어요.

.... 덕분에 극복할 수 있었어요.

메타 인지

18 나를 객관적으로 알고 싶어

 **진솔이의 귀차니즘 극복기**

"진솔아, 슈퍼에 가서 두부랑 우유 좀 사 올래?"

아무도 모르는 비밀인데, 나는 세상을 게임처럼 바라봐.

그러니까 학교 과제나 엄마 심부름 같은 일을 게임 속 '미션'이나 '퀘스트'라고 생각하는 거지. 그렇게 하면 귀찮고 하기 싫은 일도 훨씬 쉽게 해치울 수 있거든.

사실 이 방법을 찾기까지 꽤 오래 걸렸어. '싫은 걸 좀 더 재미있게 할 방법이 없을까?' 하고 고민하다 내가 좋아하는 게임에서 힌트를 얻었어! 게임 캐릭터 분석을 좋아해서인지 평소에도 친구들을 게임 속 캐릭터처럼 파악하고 있었거든. 예를 들면, '다정이는 적극성 100%·신중함 3%', '예민이는 조심성 82%·온화함 19%' 이렇게.

물론, 친구들한테 점수를 매기는 건 아니야. 함께 지내다 보니 자연스럽게 친구들의 특징을 분석하게 됐고, 이런 관찰이 친구 관계에도 꽤 도움이 된다는 걸 알게 됐지.

그런데 어느 날, 문득 이런 생각이 들었어. "나는 나 자신에 대해선 얼마나 알고 있지?" 가끔은 제3의 눈으로 나를 관찰할 수 있으면 좋겠다는 생각을 하기도 했어. 그런 고민을 하다 보니, 귀찮은 일을 할 때는 짜증부터 내고 자꾸 미루는 내 모습을 발견했어.

그래서 친구들을 게임 캐릭터처럼 분석했듯, 내 상황도 게임의 한 장면이라고 생각해 보기로 했지. '그러면 내가 귀찮아하는 심부름도, 해야 하는 공부도 미션이 될 수 있지 않을까?' 하면서 말이야.

내가 생각한 방법으로 행동해 보니 심부름과 공부가 훨씬 재미있어졌어! 앞으로도 이렇게 나를 관찰하고 분석하는 연습을 계속하면 또 다른 나를 발견하게 될 지도 몰라.

나를 알면 백전백승이야

> 진솔이는 친구들의 특징을 게임 캐릭터처럼 분석하곤 했어. 그러다 이 습관을 자신에게도 적용하면서 스스로를 돌아보기 시작했지. 귀찮은 일을 할 때 어떤 모습인지 관찰하고, 이걸 극복하는 효율적인 방법도 고민하게 된 거야. 아직 완벽하진 않지만, 자신에게 맞는 방식이 무엇인지 점차 깨닫고 있는 거지. 이렇게 스스로를 살펴보는 과정이 '메타 인지'의 첫걸음이야.

생각에 대해 생각하기

우리는 성적 올리는 법, 게임 레벨 높이는 법 등 외부의 것을 배우는 데 집중하지만, 정작 자신을 연구하는 데는 소홀해. 그래서 남들의 의견에 휩쓸리거나, 내가 좋다고 하는 게 정말 내 생각인지 외부의 영향인지 헷갈릴 때가 많지. 메타 인지는 내가 어떤 생각을 하고, 무엇을 알고 있으며, 무엇을 모르는지 파악하는 능력이야. 이 능력을 키운다는 건, '나를 잘 이해한다.'는 말과 같아. 메타 인지를 통해 우리는 내가 잘하는 것과 못하는 것, 중요하게 여기는 가치, 내 감정에 영향을 주는 요소 등을 알 수 있어.

메타 인지 능력을 기르려면 스스로 자주 질문해 보고, 마음에 들지 않는 부분이 있을 때 여러 해결 방법을 시도해 보는 게 필요해.

메타 인지 능력을 키우는 방법

그러면 메타 인지를 키우는 방법을 다양한 상황에 맞춰 살펴보자!

하나씩 자주 생각할수록 점점 똑똑해질걸!

1. 내 생각과 감정을 관찰하며 스스로 질문해 보기.

- 공부할 때 ≫ 나는 이 문제를 왜 어렵다고 느낄까?
- 게임할 때 ≫ 왜 이 단계에서 계속 실패할까?
- 감정이 힘들 때 ≫ 이 감정이 어디에서 왔을까?

이렇게 질문해 보면, 나의 약점을 알 수 있고 감정 변화도 알아챌 수 있어.

2. 다양한 해결 방법이나 전략 고민하기.

- 공부할 때 ≫ 공부 방법이나 환경을 바꿔 보기.
- 게임할 때 ≫ 아이템 교체, 기술 변경 등 새로운 전략을 시도하기.
- 감정이 힘들 때 ≫ 산책, 심호흡, 대화, 아지트 등 다양한 방법 활용하기.

어려운 상황이 생겼을 때 여러 가지 해결책을 떠올려 보면, 같은 일이 다시 일어났을 때 유연하게 대응할 수 있어.

3. 결과나 반응을 추적하고 조정하기.

- 공부할 때 ≫ 새 공부법이 성적 향상에 도움됐는지 점검하기.
- 게임할 때 ≫ 전략을 바꿨을 때 승률 비교하기.
- 감정이 힘들 때 ≫ 감정이 나아진 정도를 숫자나 색상 등으로 비교하기.

여러 방법을 시도해 보는 것에 그치지 말고, 결과를 추적해 별점이나 점수로 기록하면서 모니터링해. 만약 효과가 없었다면 다른 방법을 써 보면서 조금씩 전략을 수정해 나가는 게 중요해.

4. 나만의 메타 인지 도구함 만들기.

- 공부할 때 ≫ 효과적인 학습법 정리해 두기.
- 게임할 때 ≫ 잘 풀린 승리 전략들 기록하기.
- 감정이 힘들 때 ≫ 나에게 맞는 방법들 모아 두기.

이렇게 도구함이 쌓일수록 문제를 해결하는 힘도 커지지.

 **마음 활동**

메타 인지 전략 연구소

메타 인지 실행 노트

나에 대해 개선하고 싶은 점이 있어? 메타 인지 키우는 방법으로 내 전략을 기록해 봐.

개선하고 싶은 것:

1. 내 생각과 감정을 관찰하며 스스로 질문해 보기.

2. 다양한 해결 방법이나 전략 고민하기.

3. 결과나 반응을 추적하고 조정하기.

4. 나만의 메타 인지 도구함 만들기.

> 전략이 효과가 없었다면, 2번으로 다시 돌아가!

모니터링

나만의 아지트 만들기

감정 조절에 대한 메타 인지력을 발휘해 보자! 나만의 소중한 아지트를 만드는 것도 감정 조절의 방법 중 하나야. 엄청 특별할 필요는 없어. 가장 중요한 기준은 내 마음이 얼마나 편안한지거든! 일상 속에서 가장 평온함을 느끼는 장소를 찾아보고, 여기에 그려 볼까?

꿀팁 1 차분한 색감이 많은 공간은 마음을 가라앉혀 주는 효과가 있대.

꿀팁 2 기대어 앉거나 푹신한 촉감을 좋아한다면 소파나 침대도 좋은 선택!

꿀팁 3 그림, 책, 음악 무엇이든 좋아! 마음을 잔잔하게 만들어 주는 활동을 할 수 있는 공간이면 좋아.

이 아지트가 별로였다면, 다른 곳을 찾아볼 수도 있고, 아예 다른 감정 조절 방법을 생각해 볼 수도 있어!

공감

19
너의 마음이 나의 마음처럼 느껴져

 마음 이야기 **진솔아, 다정이가 우울해하잖아**

쉬는 시간만 되면 항상 떠들썩하던 다정이가 오늘따라 좀 조용했어. 피곤한 건가 싶어서 나는 대수롭지 않게 생각했는데 그때 한결이가 다정이에게 다가가 걱정하는 얼굴로 말했어.

"다정아, 무슨 일 있어? 오늘따라 표정이 안 좋아."

"아니 그냥……. 똘이가 어제부터 밥을 잘 안 먹어서 걱정이야. 이따가 병원에 데려가기로 했는데, 아프면 어떡하지? 이런 적이 한 번도 없었거든."

"똘이? 똘이가 누군데?"

"내가 전에 얘기했잖아. 햄스터 키운다고……."

"헐, 대박! 너 햄스터 키웠어? 나도 키우고 싶은데 엄마가 허락을 안 해 주시는 거 있지. 아, 부럽다!"

그때 옆에서 듣고 있던 한결이가 내 옆구리를 쿡 찌르더니 이렇게 말했어.

"아, 어떡해. 다정이 마음이 너무 안 좋겠다. 너무 걱정하지 말고, 기운 내. 분명히 괜찮을 거야! 아무 일 없도록 나도 기도할게."

한결이가 이렇게 말하자, 놀랍게도 다정이의 표정이 한결 밝아졌어. 먹구름이 잔뜩 낀 하늘에 해님이 얼굴을 빼꼼 내민 것 같았달까? 그나저나 똘이가 아프다는데 부럽다니……. 시간이 지나고 생각해 보니, 다정이 입장에서는 내 대답이 너무 황당했을 것 같아. 친구들 특징이나 성격 분석은 잘하면서 정작 친구의 마음은 읽지 못하고 내 관심사부터 말했지 뭐야. 너무 부끄러웠어.

가만 보면 한결이는 친구들의 마음을 참 잘 읽는 것 같아. 가끔은 한결이가 사람의 마음을 꿰뚫어 보는 능력이 있는 건 아닐까 하는 생각이 들 때도 있어. 나도 한결이처럼 친구에게 위로하는 말을 잘 건네고 싶은데…….

다른 사람의 마음속 감정을 함께 나누어 봐

> 똘이가 아파 기운 없는 다정이에게 진솔이는 엉뚱한 말을 건넸지만 한결이는 다정한 위로를 건넸어. 진솔이는 자신에 대한 메타 인지를 발휘할 줄 알고, 친구들의 성격도 잘 분석했지만 상대의 감정 변화를 이해하고 공감하는 데는 서툴렀어. 메타 인지가 높으면 공감을 잘할 수 있지만, 반드시 그런 것은 아니야. 논리적으로 무언가를 분석하는 것과 감정을 직접 느끼고 나누는 것은 다르기 때문이야.

다른 사람의 감정 이해하기

우리는 살면서 다른 사람과 감정을 많이 나누어. 슬퍼하는 친구를 위로하고, 기뻐하는 친구를 축하하는 것이 그런 순간이야.

이렇게 다른 사람의 상황이나 감정에 대해 자기도 그렇다고 느끼는 게 '공감'이야. 단순한 친절을 넘어 다른 사람의 감정을 깊이 이해하고 그들의 마음을 헤아리는 일이지. 공감 능력이 높은 사람은 상황을 잘 이해하고 대처할 뿐만 아니라, 상대의 감정을 진심으로 느끼기 때문에 자연스럽게 상대의 마음을 보듬어 주는 말이나 행동을 해.

물론 공감은 쉽지 않아. 사람은 누구나 다른 사람 입장에서 바라보기보다 자기 기분과 생각을 더 중요하게 여기기 때문이야. 게다가 사람 마음은 겉으로 잘 드러나지 않을 때도 많거든.

나라면 어땠을까?

소중한 사람의 마음을 읽고 공감하기 위해서는 어떤 노력을 해야 할까? '상대의 말을 그냥 듣는 나'가 아니라, '그 상황을 직접 겪는 나'라고 생각해 봐. 그리고 '나라면 어땠을까?' 하고 스스로 질문해 보는 거야. 내가 경험한 감정이 친구의 마음을 이해하는 길잡이가 될 수 있어.

자신의 과거 경험을 회상하며 감정을 떠올리는 것은 타인의 감정을 이해하는 중요한 과정이다

이렇게 상대가 처한 상황과 비슷했던 내 경험을 떠올리며 친구의 감정을 예측해 보는 거야. 그때 내가 듣고 싶었던 말을 생각해 보면 위로와 배려, 지지의 표현을 함께 전할 수 있을 거야.

예를 들어, 축구에서 져서 속상한 친구에게는 토닥이며 "힘내! 다음엔 이길 수 있어!"라고, 긴장한 친구에게는 미소를 띠며 "내가 도와줄까?"라고 말할 수 있는 것처럼 말이야!

마음을 두드리는 한마디

조심할 게 있어. 상대의 감정이 꼭 내가 예측한 것과 같지 않을 수 있거든. 같은 상황이라도 사람마다 느끼는 감정이 항상 똑같지는 않으니까. 그래서 예측이 틀리거나, 잘 모르겠을 땐 상대에게 조심스럽게 물어보는 것도 좋아. 상대를 배려하며 조심스럽게 묻는 건, 마음을 이해하는 가장 빠르고 따뜻한 길이야. 그런데 만약 친구가 말하기 어려워한다면 잠시 기다려 줘. 때로는 그냥 옆에 있어 주는 것만으로도 큰 힘이 되거든.

시간이 지나 친구가 자신의 이야기를 꺼낼 때는 단순히 말의 내용만이 아니라 목소리 톤, 표정, 몸짓까지 세심하게 관찰하는 것이 중요해. 이렇게 기다려 주는 마음과 경청*하는 태도는 상대에게도 고스란히 전해질 거야. 그러면 나는 자연스럽게 친구들의 마음을 보듬어 주는 '공감왕'이 될 수 있어!

감정을 조심스럽게 묻고 친구를 기다려 주는 태도도 공감의 한 방법이다

경청 귀를 기울여 들음

 **경청을 위한 마법 풍선 불기**

누군가를 이해하고 공감하기 위해서는 상대의 말에 귀 기울여야 해. 3단계 질문을 통해 경청하는 연습을 해 볼까?

1. 내가 열심히 말했는데, 친구가 딴청 부리면 어떤 기분이 들까?

2. 반대로, 내가 친구 말을 들어 주지 않으면 친구는 어떤 기분이 들까?

3. 말을 잘 들어 주는 사람은 어떤 행동을 할까?

경청할 준비가 됐다면 누군가와 이야기를 나눠 봐!

20
다르다고 틀린 건 아니야

마음 이야기 고운이의 '이상해' 딱지

우리 동네엔 이 근처에 사는 사람이라면 다 아는 유명한 아이들이 있다. 항상 왁자지껄 떠들며 동네 구석구석을 누비는 이 아이들을 동네 어른들은 '애정동 사총사'라고 부른다. 예민, 한결, 다정, 진솔이 이야기다.

나는 그 아이들을 볼 때마다 참 신기하다는 생각이 든다. 성격도 다르고 취미도 다르고 생김새도 제각각인 저 4명이 어쩜 저렇게 똑

똘 뭉쳐서 다닐 수 있는 걸까? 물과 기름처럼 전혀 안 섞일 것 같은데 말이다.

사실, 내 친구들은 대부분 나랑 비슷한 성향이라고 할 수 있다.

뭐 딱히 의도한 건 아니지만, 나와 비슷한 결의 친구들과 이야기할 때는 괜히 나를 이상하게 볼까 걱정하지 않아도 돼서 편하기 때문이다. 다들 그렇지 않나? 한번은 예민이에게 이렇게 물어본 적이 있다.

"너희는 어쩜 그렇게 항상 몰려 다녀? 서로 너무 다른 것 같은데 불편하지 않아?"

"킥킥. 그렇긴 해. 가끔은 엄청 답답하기도 하고 이해 안 될 때도 있어. 그런데 그냥 서로 다를 뿐이지, 틀린 건 아니더라고. 서로 다르니까 오히려 배울 것도 많다니까?"

예민이의 대답을 듣고 나는 얼굴이 좀 화끈거렸다. 나랑 생각이 좀 다르다 싶으면 '쟤는 좀 이상해 딱지'를 남몰래 붙이는 내가 조금 부끄럽다는 생각이 들었다. 그래, 생각이 다르다고 해서 이상한 건 아닐 텐데…….

 ## 다름을 인정하는 마음과 자세가 필요해

> 사람은 자신과 비슷한 사람들 속에서 안정감을 느껴. 그래서 고운이처럼 비슷한 성향의 사람들과 친하게 지내는 건 어찌 보면 자연스러운 일일지도 몰라. 하지만 나와 다르다고 해서 이상하거나 틀린 건 아니라는 사실을 명심해야 해. 우리가 사는 이 세상은 '다름을 존중'할 때 더욱 빛나는 법이거든.

다양성은 낯선 게 아니야

장미, 튤립, 해바라기 같은 다양한 꽃들이 모여 있는 정원은 아름다울 뿐만 아니라, 한 가지 꽃만 있는 정원보다 해충이나 병에도 잘 견딜 수 있어. 세상도 마찬가지야. 다양한 사람들이 서로 어우러질 때 우리는 더 창의적이고 건설적인 협력을 하게 돼. 이게 바로 다양성의 힘이야.

하지만 아직은 '다양성'이 낯설게 느껴질 때가 많아. 인종, 종교, 문화, 성별 같은 무거운 주제로만 생각하기 때문이야. 하지만 다양성은 우리를 특별하게 만드는 모든 차이를 나타내.

다양성은 인종이나 종교 등 겉으로 드러나는 차이뿐만 아니라, 생활 습관이나 가족 형태, 취향 같은 모든 차이를 포함한다

모두 각자의 개성이 있어

일상 속 모든 삶의 조각들이 다양성의 일부라고 생각하니까 다양성이 꽤 친숙하게 느껴지지?

우리 삶의 작은 요소들 하나하나가 다양성에 속한다는 건 <u>우리가 언제든 소수자*가 될 수 있음을 의미하기도 해.</u> 만약 나는 잔잔한 음악을 좋아하지만 친구들은 신나는 음악을 좋아한다고 생각해 보자. 그런데 <u>친구들이 내 취향은 흔하지 않다고 무시하거나 별로라고 한다면 내가 틀린 건가 싶어서 내 이야기를 더 이상 못 하게 될지도 몰라.</u> 하지만 반대로, 나도 소수자를 향해 "쟤 좀 이상해."라고 단정 짓는 실수를 할 수도 있어.

> 다수에 속한다고 소수의 마음을 잊으면 안 돼. 누구나 소수가 될 수 있으니까.

내가 다수에 속할 때

내가 소수에 속할 때

"나는 이걸 좋아하지만, 저 친구는 다른 걸 좋아하는구나.", "나는 이렇게 생각하지만, 저 사람은 다르게 생각할 수도 있겠구나." 이렇게 서로 다름을 존중하면 세상은 다양한 꽃들이 어우러진 멋진 정원이 될 거야. 다양성 안에서 서로를 이해하고 함께 자라는 사람이 되기를 응원해!

소수자 적은 수의 사람

# 다양성 정원 꾸미기

내가 사랑하는 사람들과 나는 어떤 점이 같고, 또 다를까? 가족이나 친구들을 떠올리며 상대의 이름을 쓰고 다양성 정원을 만들어 봐! 생각보다 차이점이 많아서 놀랄걸?

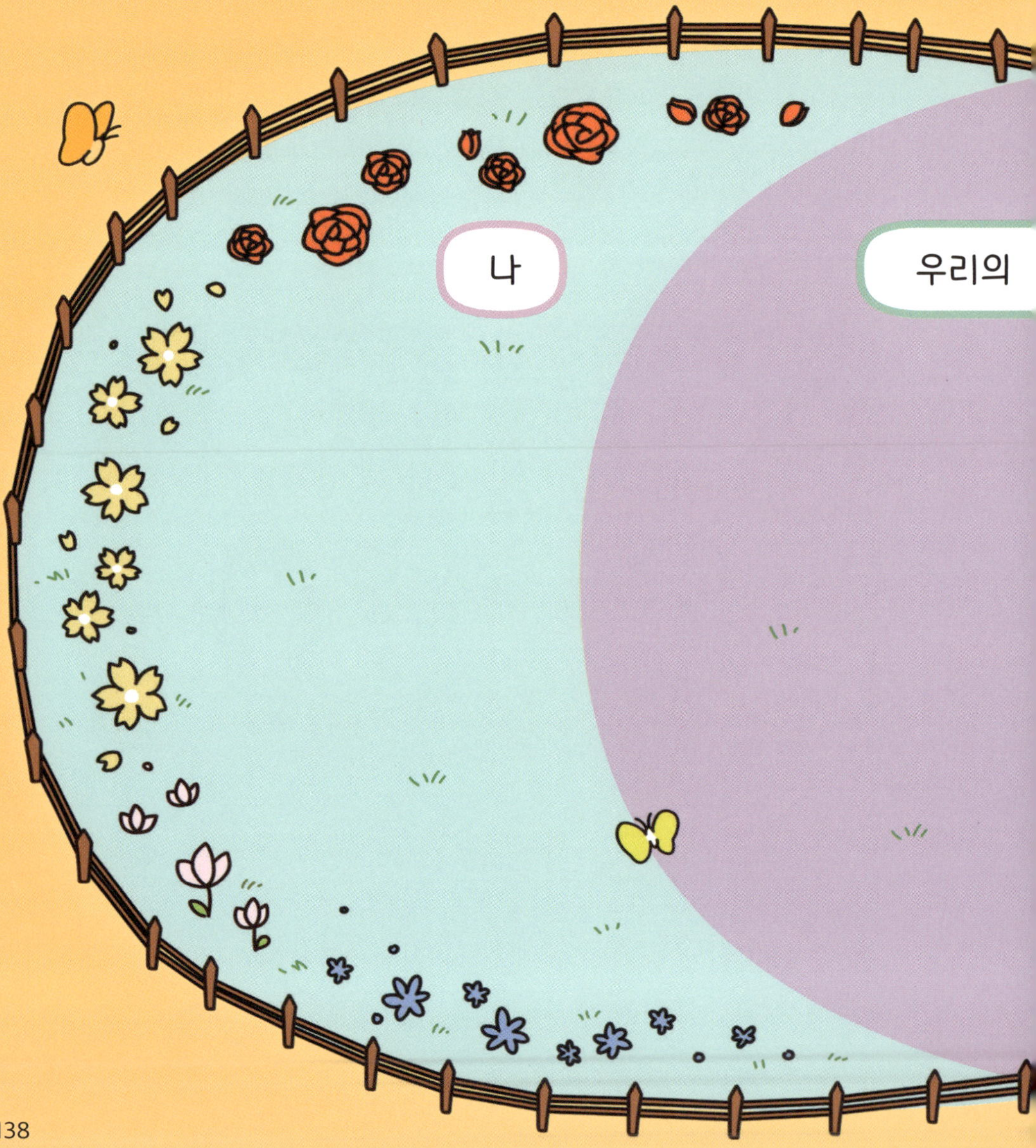

나

우리의

감정 이해부터 관계 맺기까지,
초등 사회정서 훈련

어린이
마음 수업

초판 1쇄 인쇄 2025년 7월 2일
초판 1쇄 발행 2025년 7월 16일

기획 | 김소연
글 | 김소연, 김우람
그림 | 그리움리우
발행인 | 손은진
개발 책임 | 김문주
개발 | 김숙영, 서은영, 민고은
디자인 | 유어북(urbook)
마케팅 | 엄재욱, 김상민
제작 | 이성재, 장병미

발행처 | 메가스터디㈜
주소 | 서울시 서초구 효령로 304 국제전자센터 24층
대표전화 | 1661-5431
홈페이지 | htttp://www.megastudybooks.com
출판사 신고 번호 | 제2015-000159호
출간제안/원고투고 | 메가스터디북스 홈페이지 <투고 문의>에 등록

• 잘못된 책은 구입하신 곳에서 바꾸어 드립니다.

메가스터디BOOKS
'메가스터디북스'는 메가스터디㈜의 교육, 학습 전문 출판 브랜드입니다.
초중고 참고서는 물론, 어린이/청소년 교양서, 성인 학습서까지 다양한 도서를 출간하고 있습니다.

제품명 어린이 마음 수업
제조자명 메가스터디㈜   **제조년월** 판권에 별도 표기   **제조국명** 대한민국   **사용연령** 3세 이상
주소 및 전화번호 서울시 서초구 효령로 304(서초동) 국제전자센터 24층/1661-5431

부록

아이 감정 교육,
함께 시작해요!

부모
가이드북

메가스터디BOOKS

메가스터디BOOKS

감정 이해와 표현

1 감정 교육이 왜 꼭 필요한가요?

처음 '감정 교육'이라는 말을 들으면, "감정은 누구나 느끼는 건데, 굳이 교육까지 해야 할까?"라는 생각이 들 수 있습니다. 물론 감정 자체는 우리 모두에게 찾아오는 자연스러운 경험입니다. 하지만 그 감정을 정확히 알아차리고, 표현하고, 조절하는 능력은 저절로 자라나지 않습니다. 실제로 감정 인지와 표현에 미숙한 아이들은 "좋아.", "싫어.", "화나.", "몰라." 같은 몇 가지 단어에만 의존해 자신의 감정을 나타내는데요, 그러다 보니 마음속에 있는 미묘한 감정들은 적절히 드러나지 못한 채, 마음속 한구석에 켜켜이 쌓여 버립니다. 그럼 그렇게 표현하지 못한 감정들은 어떻게 될까요? 이런 마음들은 사라지지 않고 우리의 내면에 남아 있다가 예기치 못한 순간에 뜻하지 않은 방식으로 터져 나옵니다. 별일 아닌데도 눈물을 쏟거나, 누군가의 사소한 한마디에 버럭 화를 내는 등 다양한 모습으로요.

그래서 우리 아이들에게는 감정을 섬세하게 들여다보고, 다양한 언어로 표현해 보는 연습이 꼭 필요합니다. 자기 마음을 말로 표현할 수 있다는 건, 자신의 감정을 잘 알고 있다는 뜻이며, 타인과의 관계에서도 신뢰와 소통을 이어 가는 데 중요한 역할을 할 수 있다는 의미입니다. 또, 성장 과정에서 겪게 되는 여러 스트레스 상황 속에서도 자신의 감정을 정확히 이해하고, 표현할 수 있으므로 스스로를 다스릴 수 있는 심리적 자원이 되어 주고요.

이처럼 감정 교육의 중요성이 커지면서, 최근에는 교육부에서도 '한국형 사회정서교육' 도입을 추진하고 있습니다. 이는 아이들이 자신의 감정을 알고 조절하는 법은 물론, 친구와 잘 지내는 방법, 마음 건강을 지키는 법까지 두루 배울 수 있도록 돕기 위한 움직임입니다. 결국 이러한 교육은 '어떻게 살아갈 것인가?'를 함께 배우는 과정입니다. 아이가 자기 삶의 주인이 되어 스스로 힘을 키우고 다른 사람들과 어울려 살아가는 데 꼭 필요한 마음의 기초를 다지는 연습이기 때문이지요.

감정 교육은 단순히 '화를 덜 내게 하는 것'이나 '기분을 좋게 만드는 것'이 아니라, 자신을 이해하고 세상과 건강하게 연결될 수 있도록 돕는 가장 기본적이고 중요한 심리적 토대라는 것을 꼭 기억해 주세요.

2 감정 교육은 언제 시작해야 하나요? 우리 아이가 하기엔 너무 이르거나 늦은 건 아닐까요?

요즘은 많은 부모님이 감정을 잘 다스리는 능력이 얼마나 중요한지 공감하고 있어요. 하지만 일상에서는 더 시급해 보이는 다른 교육에 집중하다 보니, 감정 교육은 자칫 뒷전으로 밀려나기 쉽지요. 그러다 아이가 학교생활을 시작하면서 스트레스 관리나 또래 관계 같은 문제를 마주하게 되면, 감정 교육의 필요성을 더욱 절실히 실감하게 됩니다.

"우리 아이는 벌써 초등학교 3학년인데……. 지금 시작해도 괜찮을까?" 하고 걱정하실 수도 있지만, 감정 교육은 정해진 룰이나 순서를 꼭 따라야 하는 교육이 아니기에, 아이가 있는 자리에서 지금부터 시작하면 되는 것입니다. 따라서 아이가 몇 살이든, 부모가 아이와 함께 감정에 대한 소통을 확장해 나가고자 한다면, 바로 그때가 감정 교육의 적기입니다.

사실 감정 교육은 거창하지도, 특별하지도 않습니다. "친구가 책을 빌려주지 않아 속상했지?" 하고 감정을 짚어 주는 부모의 말 한마디, 다양한 표정을 보여 주는 것 모두 감정 교육이 됩니다.

다만, 마음을 표현하는 데 익숙하지 않은 초등 저학년 정도의 아이들과 감정 교육을 새로 시작하려면 약간의 전략이 필요합니다. 교훈 가득한 동화를 갑작스레 읽히면 "시시해." 혹은 "또 가르치려 하네." 같은 반응이 나올 수 있기 때문이지요.

따라서 그런 경우 뻔한 옛이야기나 이상적인 교훈 대신, 아이들이 학교나 가정에서 실제 겪었던 상황이나 그때 느꼈던 감정에 대해 이야기를 나누어 보면 좋습니다.

3 감정에 휩쓸려 울고 떼쓰는 아이, 달래 줘도 좀처럼 감정을 가라앉히지 못하는 아이는 어떻게 도와주어야 할까요?

아직 걸음마도 떼지 않은 아이에게 "왜 뛰지 못하느냐?"고 묻는 것이 무리인 것처럼, 감정을 다스리는 일도 차근차근 익혀야 하는 기술입니다. 특히 아이가 격한 감정에 휩쓸렸을 땐, 이미 자기 조절 능력의 한계를 넘은 상태이기 때문에 아무리 좋은 말을 해도 들리지 않습니다. 이럴 때 부모는 '해결사'가 아니라, 함께 감정을 조절해 주는 '공동 조절자'가 되어야 합니다. 두 가지를 꼭 기억해 주세요.

아이가 스스로 감정을 감당할 수 있다는 안정감을 느끼게 할 것

"이제 그만 울어."보다는 "숨 한번 크게 쉬어 볼까?", "물을 한 모금 마셔 볼래?" 같은 조언을 차분하게 건네며 곁을 지켜 주세요. "지금 어떤 마음인지 알아. 감정을 가라앉히는 게 쉽지 않다는 것도 알아. 괜찮아. 엄마, 아빠가 여기 있어." 이런 따뜻한 지지

속에서 감정을 조절해 본 경험이 쌓일수록, 아이는 점차 혼자서도 감정을 추스를 수 있는 힘을 길러 갑니다.

평소에 감정 조절 연습을 반복할 것

감정이 폭발한 위기 상황에서만 조절 전략을 꺼내면, 아이는 갑작스러운 조언을 자연스럽게 받아들이기 어렵지요. 감정이 솟구친 순간은 '배우는 시간'이 아니라 '회복의 시간'입니다. 따라서 감정 훈련의 골든 타임은 평온한 일상 속입니다. "오늘은 왜 화가 났어?", "그럴 땐 어떤 방법을 써 보면 좋을까?" 같은 대화를 일상 속에서 자연스럽게 나누며, 감정 어휘와 조절 방법을 반복적으로 노출해 주세요. 이런 순간이 익숙해질수록, 아이는 감정의 소용돌이 속에서도 자신만의 전략을 꺼내 쓸 수 있게 됩니다.

4 아이의 감정을 너무 받아 주다 보면 버릇이 나빠지거나 더 떼를 쓰게 되지는 않을까요?

부모가 아이의 감정을 많이 받아 주면 아이가 습관적으로 감정을 무기로 삼을까 걱정하시는 분들이 많습니다. 하지만 감정을 인정하는 것과 모든 행동을 무조건 받아 주는 것은 다릅니다. 감정은 수용하되, 행동에는 분명한 경계를 세우는 것이 감정 교육의 핵심입니다. 예를 들어, 동생에게 장난감을 빼앗기고 화가 난 아이가 소리를 지르며 물건을 던졌다면, "왜 소리 질러?"라고 혼내기보다는 "속상했구나. 그 기분 이해해. 하지만 물건을 던지는 건 위험하니 안 돼. 말로 표현해 보자."처럼 감정을 먼저 공감해 주되, 행동에 대해서는 단호한 태도를 보여 줄 필요가 있습니다.

감정은 표현해도 괜찮고, 불편한 감정은 말하면 해결할 수 있다는 '믿음'을 심어 주는 동시에, 감정을 이유로 한 부적절한 행동은 받아들일 수 없다는 것도 함께 알려 줘야, 아이가 '표현'과 '행동'의 차이를 배워 갑니다.

아이들은 자신의 감정이 무시당했다고 느끼면 억울한 마음에 더 강하게 감정을 드러내기도 합니다. 하지만 부모가 감정은 공감해 주되, 분명한 선을 그어 줄수록 아이는 감정을 극단적으로 표현하지 않아도 된다는 것을 점차 느끼게 됩니다. 자신의 감정 자체는 존중받는다고 느끼면서 건강한 방식으로 감정을 표현하는 걸 배우기 때문이에요.

부모와 아이의 관계는 아이가 살아가며 맺게 될 모든 인간관계의 기초가 됩니다. 감정을 표현했을 때 사랑하는 사람이 귀 기울여 주었다는 경험은 아이 마음속에 깊숙이 저장되어, 감정을 솔직히 말해도 괜찮다는 신뢰로 이어집니다.

'감정은 표현해도 되고, 불편함은 적절한 소통을 통해 해결할 수 있다는 믿음', 이 중요한 배움이 시작되는 곳이 바로 부모와의 관계라는 걸 기억해 주세요. 무조건적인 허용이 아니라, 정서적 연결을 바탕으로 아이가 자신의 마음을 다룰 수 있도록 돕는 것, 그것이 진짜 감정 교육입니다.

5 아이의 마음을 달래 주다 보면 부모로서 감정을 다스리기 어려워서 덩달아 화를 내거나 지쳐서 소리를 지르게 돼요. 어떻게 해야 하죠?

아이를 키우는 일은 부모에게도 감정의 파도를 일으키는 일입니다. 지친 상태에서 아이가 떼를 쓰거나 같은 실수를 반복하면, 부모도 감정을 다스리기 힘들어지고 결국 화를 내고 후회하는 일이 반복되지요. 그래서 감정 교육은 아이만큼이나 부모에게도 꼭 필요한 성장의 과정입니다.

어색하다면, 작은 표현부터 해 보기

감정 조절이 힘든 데에는 부모 자신의 어린 시절 경험도 영향을 미칩니다. "울지 마.", "그 정도로 징징대지 마." 같은 말을 들으며 자랐다면 감정을 억누르는 것이 익숙할 수 있습니다. 이런 억압된 감정은 부모가 되어 아이를 양육할 때 갑작스럽게 터져 나오는 경우가 많습니다. 이런 분들께는 "엄마도 속상해.", "아빠도 오늘 일이 많아서 피곤했어." 같은 짧은 한마디를 아이에게 전달하는 것부터 시작해 보기를 권합니다. 감정 교육은 유창함이 아니라 진심에서 비롯되며, 아이에게는 완벽한 반응보다 감정을 인정하고 다스리려는 태도가 더 큰 본보기가 됩니다.

감정을 아이에게 전가하지 않기

감정을 표현할 때 아이에게 책임을 돌리거나 짜증 섞인 말투로 전달하면, 아이는 자신 때문에 부모가 힘들다고 느껴 불필요한 죄책감을 가질 수 있습니다. 감정은 '네가 그래서 그런 거야.'가 아니라 '지금 내 안에서 이런 감정이 올라오고 있어.'라는 식으로, 아이와 분리된 '나의 감정'으로만 전달되어야 합니다.

나만의 '진정 루틴' 만들기

부모 스스로도 감정이 올라오기 전 진정할 수 있는 전략을 익히는 것이 중요합니다. 예를 들어 "지금 화가 나고 있어."라고 혼잣말로 감정을 말해 보거나, 얼굴이 화끈거리거나 호흡이 빨라지는 신체 신호를 알아차리는 것도 좋은 연습입니다. 이렇게 감정과 나 사이에 거리를 두는 '진정 루틴'을 만들어 두면, 감정이 폭발하기 전에 스스로 전환이 필요하다는 걸 인식할 수 있습니다.

아이에게도 "지금은 엄마, 아빠도 감정을 가라앉힐 시간이 필요해. 3분 뒤에 이야기하자."라고 말하며 안전한 거리를 마련해 주세요. 감정을 들여다보고 조절하는 이 과정은 아이뿐 아니라 부모 자신도 더 단단하게 성장하는 길이 됩니다.

자기 이해와 관계 문제

6 학교에서는 문제없이 생활하는데 집에만 오면 감정을 터뜨리는 아이. 도대체 왜 그러는 걸까요?

학교에서는 잘 지내던 아이가 집에만 오면 울고 떼를 쓰는 모습은 '방과 후 멜트다운 After-school meltdown'이라고 불리는 자연스러운 반응입니다. 학교에서 아이들은 하루 종일 규칙을 따르고 스스로를 통제해야 하죠. 뿐만 아니라, 친구들과 좋은 관계를 맺기 위해 자신을 조절하고, 때로는 '좋은 아이'처럼 행동하려 애쓰는 심리적 긴장도 함께 겪습니다. 이렇게 하루 종일 누르고 쌓인 감정은 집이라는 안전한 공간에 돌아왔을 때 한꺼번에 터져 나올 수 있습니다. 이는 오히려 아이가 부모를 신뢰하고 감정을 표현해도 되는 존재라고 느끼기 때문에 나타나는 긍정적인 신호일 수 있어요. 하지만 이런 감정 폭발이 반복되거나 오래 지속된다면, 아이에게 회복할 수 있는 시간을 마련해 주는 것이 필요합니다.

아이의 기본 욕구 살피기

피곤하거나 배가 고프고, 몸이 불편한 상태에서는 사소한 자극에도 예민해지기 쉬워서 감정 조절이 더욱 어렵지요. 점심을 제대로 못 먹었다면 간식으로 에너지를 보충해 주고, 숙면을 취하지 못했다면 학원 가기 전이나 숙제 시간 전에 짧은 산책이나 조용한 휴식을 가져 아이가 긴장을 풀 수 있도록 해 주세요.

감정의 흐름을 알아차리는 '메타 인지력'을 발휘하게 하기

감정 교육의 중요한 목표 중 하나는 감정의 흐름을 스스로 인식하고 다루는 능력을 심어 주는 것입니다. 단순히 감정을 느끼는 것을 넘어서, '왜 내가 이런 감정을 터뜨리는지' 알아차리는 메타 인지력을 기르도록 해 주세요. 학교에서 받은 긴장이 집에서 짜증으로 이어지는 이유를 아이 스스로 깨닫는 건 쉽지 않기 때문에 부모의 도움이 필요합니다.

예를 들어 "혹시 오늘 학교에서 마음에 안 들었던 일이 있었어?", "친구랑 어색해진 건 아니었어?" 같은 질문은 아이가 자신의 감정을 돌아볼 수 있게 합니다.

그다음에는, 그 감정을 억누르지만 말고, 상대에게도 용기 있게 표현할 수 있다는 점을 알려 주세요.

"그럴 땐 친구에게 '조금 속상했어', '지금은 말하고 싶지 않아.'처럼 말로 표현해도 괜찮아." 하고 조언을 건네는 거예요.

이렇게 감정을 뾰족하게 인지하고 표현하는 방법을 배운 아이는 학교에서도 자신을 지키면서 관계를 이어 갈 수 있습니다.

7 아이가 자기 비하나 열등감을 자주 표현해요. 어떤 말을 해 줘야 할까요?

아이가 "나는 못해.", "나는 못생겼어." 같은 자기 비하를 할 때, 부모는 놀라고 속상할 수 있습니다. 하지만 이런 표현이 꼭 심각한 문제를 의미하는 것은 아닐 수 있습니다. '자기 인식'이 커지며 겪는 혼란일 수 있기 때문입니다. 즉, 스스로에게만 초점을 맞추던 아이가 주변을 의식하며 성장하고 있다는 신호일 수도 있지요. 이걸 기억해 주세요!

아이의 말을 바로 반박하거나 덮어 버리지 말기

"아니야! 무슨 소리야!"같이 곧바로 부정하거나, "누가 그래! 넌 최고야!"처럼 바로 긍정적인 말로 덮어 버리면 아이는 "엄마, 아빠는 내 마음을 이해 못 해. 말해 봤자 그냥 맨날 잘한다고만 하지."라며 자기 감정을 이해받지 못한다고 느낄 수 있어요.

구체적인 사실로 말해 주기

대신, 먼저 감정을 인정해 주고, 그다음에 구체적인 사실을 근거로 객관적인 시각을 건네는 것이 좋습니다. "축구가 어렵다고 느낄 수 있어. 그런데 오늘은 지난번보다 훨씬 멀리 찼더라? 그건 네가 실력이 늘었다는 증거야."처럼요. 그래야 아이는 자신에 대한 부정적인 생각을 바로잡고, 스스로 존중하는 힘을 키울 수 있어요.

자기의 강점을 발견하도록 하기

또, "그런 생각이 들 수 있어. 그런데 스스로 자랑스러웠던 점도 하나만 떠올려 볼래?"라고 물어보며 아이가 자기 안의 긍정적인 면을 스스로 발견할 수 있도록 도와주세요. 이런 질문은 아이가 자기 안의 좋은 점을 직접 찾아보게 해 주어 부정적인 감정을 덜어 내게 하는 데 도움을 줍니다. 부족한 한두 부분에만 매달리지 않고, 자기 모습 전체를 균형 있게 바라보는 것이 자기 비하나 열등감을 극복하는 밑거름이 될 수 있어요.

8 아이가 너무 의존적이에요. 친구만 따라 하려고 하고 주체적인 행동은 찾아볼 수 없어요. 어떻게 해야 할까요?

아이가 친구를 지나치게 따라 하거나 스스로 선택하는 데 소극적인 모습을 보이면, 부모는 답답하고 걱정이 됩니다. 이런 의존적 행동의 배경에는 여러 이유가 있을 수 있지만 대표적인 원인 중 하나는 '자신감 부족'입니다. 스스로 결정하는 일을 두려워하기 때문에 친구나 어른의 선택을 따르는 것이 더 안전하다고 느끼는 것이지요. 또 다른 원인은 '선택 경험의 부족'입니다. 평소에 자율적으로 무언가를 결정해 본 경험이 적으면, 어떤 선택이든 막연하고 어렵게 느껴질 수밖에 없습니다.

작은 선택의 경험을 자주 하도록 할 것
"간식으로 과일이 좋을까, 빵이 좋을까?"처럼 일상생활 속에서 두 가지 중 고를 수 있는 상황을 만들고, 선택하는 과정 자체를 칭찬해 주세요. 정해진 답 없이 스스로 고민해 결정했다는 점을 대견하게 바라보는 것이 핵심입니다.

> **아이에게 제안할 수 있는 작은 선택 예시**
> - 입고 싶은 옷 골라 보기 (취향 선택)
> - 간식 종류 고르기 (식습관 선택)
> - 활동 순서 정해 보기 (생활 계획 선택)
> - 색칠할 색상 정하기 (표현 선택)
> - 자기 전 읽을 책 고르기 (콘텐츠 선택)

의견 표현을 이끌어 낼 것

친구를 따라 하는 행동에 대해서도 "넌 네 의견이 없어?"라고 부정적으로 반응하기보단, 스스로 의견을 표현해 볼 수 있도록 자연스럽게 이끌어 주세요. "현지는 다른 음료가 더 맛있대. 너는 어떤 맛이 더 좋아?", "어떤 게 더 재밌었어?"처럼 자신의 취향을 말할 수 있는 질문을 던지는 것이 도움이 됩니다.

또 부모가 "엄마는 기분이 좋아서 음악을 틀었어."처럼 자신의 선택에 대한 이유를 일상생활에서 자주 들려 주면 아이는 결정을 내리는 것이 꼭 거창하거나 특별한 사건이 아니라, 자연스러운 일이라는 걸 알아 갑니다.

아이의 주체성은 작은 선택이 존중받는 경험에서 자라납니다. 매일의 선택을 통해 자신만의 길을 개척해 나가는 힘을 기를 수 있도록 든든한 지원자가 되어 주세요.

9 아이의 표현이 너무 솔직해서 또래 관계에 문제가 생겨요. 이럴 땐 어떻게 지도해야 할까요?

감정을 솔직하게 표현하는 것은 아이의 큰 장점이며, 잘만 다듬으면 건강한 관계를 맺는 중요한 기반이 됩니다. 다만 그 솔직함이 누군가에게 상처가 될 수 있다는 것도 사회생활에서 꼭 배워야 할 부분이지요. 친구의 외모를 지적하거나 상대의 기분을 고려하지 않은 말은 조심해야 하듯이요. 이럴 땐 아이의 솔직함을 억누르기보다는, '느낀 걸 표현하는 건 좋지만, 감정도 상황에 맞게 표현하는 기술이 필요하다는 것'을 자연스럽게 알려 주는 것이 중요합니다.

가장 효과적인 전략, '나 메시지 I-message'

특히 나를 주어로 말하는 방식을 익히는 게 큰 도움이 됩니다. "넌 못됐어, 애들도 다 너 싫어해." 대신 "네가 놀리니까 날 싫어하는 것처럼 느껴져서 속상해."처럼 자신의 감정을 중심으로 표현하는 연습을 하게 해 주세요. 이렇게 하면 아이는 솔직하게 말하면서도 상대를 공격하지 않는 표현 방식을 배울 수 있습니다.

상대방 입장에서 생각해 보는 질문하기

"만약 네가 그런 말을 들었다면 어떤 기분일까?", "그 말을 했을 때 친구 표정이 어땠어?" 같은 질문을 통해 아이 스스로 다른 사람의 감정을 상상하게 하는 것도 좋아요. 이런 역지사지의 질문은 공감 능력을 키우는 데 도움이 되기 때문이에요.

이런 질문은 친구 관계에서뿐만 아니라, 형제자매와의 갈등 상황에서도 효과적입니다. 왜 그런 표현을 했는지 스스로를 돌아보고, 다음엔 어떻게 마음을 전하면 좋을지 함께 고민해 보는 시간을 가져 보세요. 솔직함과 배려는 서로를 대신하는 선택지가 아니라, 두 가지를 함께 길러야 할 소중한 능력입니다. 아이가 그 균형을 배워 갈 수 있도록 따뜻하게 이끌어 주세요.

10. 아이가 작은 일에도 쉽게 좌절하고 포기해요. 어떻게 도와줘야 할까요?

숙제를 하다가 조금만 어려워도 쉽게 포기하고, 실수할 때마다 "나는 바보야."라며 무너지는 아이를 보면, 부모님 입장에서는 참 막막하지요? 하지만 이런 순간들이야말로, 아이의 내면을 단단하게 다듬어 줄 수 있는 소중한 기회가 될 수 있습니다.

아이들은 스스로 성공에 대한 기대가 클 때, 혹은 실패를 자신의 존재 가치와 연결 지을 때 쉽게 좌절하는 경향이 있습니다. 특히 어른들의 미묘한 반응을 잘 읽는 아이일수록, 실패를 부끄러운 일로 받아들이며 도전 자체를 피하려는 방어적 태도가 생기기 쉽습니다. 이런 아이들에게는 '실패'를 새롭게 해석할 수 있는 방식을 가르쳐 주는 것이 필요합니다.

시행착오 속 해결 방법 찾기

실패를 누구나 겪는 자연스러운 과정으로 받아들일 수 있도록 도와주세요. 부모님의 실패담을 들려 주거나, 유명한 사람들의 성장기를 함께 찾아보는 것도 좋은 방법입니다. 아이가 시행착오를 겪을 때는 "괜찮아."라는 단순한 위로보다 "어떤 부분이 어려웠어?", "다음엔 어떤 방법을 써 볼까?"처럼 문제를 다시 바라보고 새로운 방안을 찾을 수 있도록 이끌어 주는 것이 더 효과적입니다. 만약 아이가 많이 의기소침하거나 스스로에게 화가 난 상태라면 감정이 가라앉은 후에 '왜 그 순간 화가 났는지', '왜 포기하고 싶었는지'를 물어보는 시간도 필요합니다.

심리적 지지와 안정감 주기

그리고 무엇보다 잊지 말아야 할 것은 "네가 실패했다고 해서, 널 사랑하는 엄마, 아빠의 마음이 줄어드는 건 아니야."라는 메시지를 지속적으로 전하는 것입니다. 변하지 않는 태도와 꾸준한 지지는 아이에게 큰 심리적 안정감을 주며, 자기 회복력과 자기 존중감을 키우는 데 든든한 기반이 됩니다. 실패 속에서 자신에 대해 조금씩 더 알아 가고, 그럼에도 불구하고 사랑받는 존재라는 확신을 가질 때 아이는 점점 자신을 '그래도 나는 언젠가 꼭 해낼 수 있는 사람'이라고 바라보게 될 것입니다.

감정 교육은 아이가 건강한 마음을 키우고,
세상과 잘 어울려 살아가기 위한
가장 기본적이고 소중한 준비입니다.
부모님의 따뜻한 관심과 공감은
아이의 평생을 지탱해 줄 든든한 힘이 됩니다.